高校德育工作创新与发展研究

宋晓宇　著

北京燕山出版社

图书在版编目（CIP）数据

高校德育工作创新与发展研究 / 宋晓宇著 . — 北京：
北京燕山出版社 , 2022.9

ISBN 978-7-5402-6681-3

Ⅰ . ①高… Ⅱ . ①宋… Ⅲ . ①高等学校—德育工作—
研究—中国 Ⅳ . ① G641

中国版本图书馆 CIP 数据核字（2022）第 181153 号

高校德育工作创新与发展研究

著者：宋晓宇
责任编辑：战文婧　郭扬
封面设计：马静静
出版发行：北京燕山出版社有限公司
社址：北京市丰台区东铁匠营苇子坑 138 号嘉城商务中心 C 座
邮编：100079
电话传真：86-10-65240430（总编室）
印刷：北京亚吉飞数码科技有限公司
成品尺寸：170mm×240mm
字数：210 千字
印张：13.25
版别：2023 年 4 月第 1 版
印次：2023 年 4 月第 1 次印刷
ISBN：978-7-5402-6681-3
定价：78.00 元

前　言

PREFACE

　　德育作为一门学科,越来越受到人们重视,成为一个研究重点。但对于德育,人们有着不同的认识和理解,并且往往在很大程度上将德育简单地理解为道德教育或思想政治教育,在高校教育中,德育在很大程度上为思想政治理论课的说教所取代,出现了"德育课缺德"的问题。其实,德育从总体上讲属于教育学范畴,它与智育、体育共同构成学校教育的主要内容,并且始终居于首要位置。德育的主要任务在于把青少年一代培养成能够适应时代发展、满足社会需要的人,把本阶级社会生活方式的思想观点、政治立场、道德原则等社会意识形态传输给下一代,所以说,塑造功能是其主要功能之一。

　　现代社会,人类生活日益纷繁,个人同他人、集体、社会、阶级、国家、民族的关系广泛而复杂,非常需要进行德性教育以协调以上关系。大学是培养高层次人才的地方,是传播思想的重要阵地,肩负着服务和引领社会的责任,大学生是广大青年中具有较高文化素养的群体。我国现代高校担负着培养德智体美全面发展的社会主义建设者和接班人的重任,必须牢固树立育人为本、德育为先的理念,坚持立德树人,把德育融入学校工作的各个环节。因此,加强对我国现代高校德育的分析研究,创新现代高校德育理论,构建现代高校德育模式,提升现代高校德育管理实效,显得尤为重要。为此,作者在参阅大量相关著作文献的基础上,精心策划并撰写了本书。

　　本书共有七章。第一章作为全书开篇,首先介绍了高校德育与大学生的基本概念与理论,包括德育、大学生德育过程及规律、德育理论导向下的大学生人格与素质发展。第二章探讨了高校德育工作的历史回溯，涉及高校德育目标构建的基本依据、变革的历史经验，高校德育原则的体现以及实施效果和经验。第三章与第四章承接上文，主要研究了高校德育工作的理念、载体、机制、内容、方法与实践，从而帮助读者对我国高校德育工作有一个系统的认知。第五章与第六章主要分析了网络环境与校园环境下的高校德育工作创新，因为这两个因素对高校德育工作的顺利开展具有较大的影响作用。第七章为本书的最后一章，主要针对高校德育教师队伍、德育评估工作以及德育工作的未来发展进行了深入分析。

在本书的撰写过程中，作者不仅参阅、引用了很多国内外相关文献资料，而且得到了同事亲朋的鼎力相助，在此一并表示衷心的感谢。由于作者水平有限，书中疏漏之处在所难免，恳请同行专家以及广大读者批评指正。

作　者

2022 年 4 月

目　录

CONTENTS

第一章
高校德育与大学生成才

　　随着时代的发展,大学生德育教育的重要性日益凸显。国家的发展离不开人才的培养,而人才的培养在一定程度上需要重视德育知识的渗透。只有所培养的人才具有较高的德育水平,才能真正为国家的发展贡献自己的力量。本章作为全书开篇,重点分析高校德育对大学生成才的重要性。

第一节　德育基本理论分析

　　从教育史上看,德育概念起始于中国近现代教育,一般是作为道德教育的简称和同义语。对外国道德教育(Moral Education)的中译,也常用德育作为简称。到了 20 世纪 80 年代,随着德育内容的不断丰富,人们逐渐感到作为道德教育简称的德育只能是狭义的,迫切需要扩展德育的含义,将道德教育、政治教育、人生观世界观教育、法制教育等都纳入德育这一概念中来,于是便出现了广义的德育概念。有些译者把西方的道德教育、价值观教育、法律教育、生命生态教育、性教育、生活和职业指导教育、宗教教育等一律译成道德教育或德育的内容。

一、德育的含义

狭义德育即道德教育的简称。依据新时期德育实践的发展,我国学者对德育的任务、目标和具体内容进行概括,将德育大致划分为思想教育、政治教育、法制教育、道德教育等几个组成部分。当前,我国教育理论界大多数认同广义德育所包括的内容范围。

这几个组成部分是有区别和相对独立意义的,但在德育的实践中存在着不可分割的内在联系,特别在其具体内容上相互交叉、包容的部分更是难分难解。思想教育主要指思想观点的教育,属于认知范畴。认知虽与智育紧密相连,但由于德育的认知对象和思维有其特殊性,与智育领域的一般认知是不完全相同的,这里更多的是属于价值判断性质的认识。思想教育的最终目标是使受教育者形成一定的人生观、价值观和世界观。人的思想认识问题与政治、法制、道德问题是不同的,相对区别对待是十分必要的。

二、德育目的

教育目的在德育工作中将具体化为德育目的,是指教育者在具体的德育工作中对受教育者预期的德育结果,是指教育者对受教育者施加教育影响从而培养出的受教育者在思想、政治、道德方面的质量和规格。

德育目的是整个德育工作的出发点和归宿。活动目的在先,教育者的整个德育过程要以德育目的为指针,规划自己的整个德育工作和过程。德育工作的方方面面,细枝末节,都要以德育目的为参照标准,并紧密地为之服务。德育工作应是一个不断取得反馈又不断进行调整和矫正的过程,过程的总指向就是完满地实现德育目的。

德育工作满足社会对受教育者在政治、思想、道德方面的要求是以德育目的为中介和纽带的,即是说,社会普遍地对受教育者"德"方面的要求要先转化成德育的目的,再以德育的目的去指令和指导整个德育工作,以培养塑造合乎要求的人。

德育目的不仅比较集中地反映了一定社会对受教育者"德"方面的要求,而且也反映了某个时期或某个阶段人们德育实践的经验和教训。

丢弃对社会需要、人自身发展规律的确切把握,没有千万人德育实践过程中长期总结和概括的经验与教训,就无从提出、确定正确无误、切实可行的德育目的。需要进一步说明的是,德育目的的确定既不能片面地根据社会的需要,也不能极端地依照人自身的需要。一方面,正如马克思所说:"人的本质并不是单个人所固有的抽象物。在其现实性上,它是一切社会关系的总和。"人的本质是由社会生产方式决定,从而人是受制约于社会的;另一方面,德育工作是培养人、发展人的,它不能离开人自身的发展规律。

作为教育目的组成部分的德育目的虽然是一个从属概念,但是正如教育目的一样,要想使德育目的落到实处,真正得以实现,就必须对德育目的做层层的分离解析,使之具体化,成为一个多层次、多方面的德育目标系统,变为各级各类学校具体的培养目标,变为具体的教育教学目标,这样才能使德育目的顺利实现。

（一）目的与手段

目的是实践主体在活动之前预先有意识地设计的活动结果,是人的主体需要和客观事物发展规律整合后产生并存在于人观念之中的一种预期。既然目的是人主体预期活动的结果,那么主体就必然要去使之成为直接的客观现实,就是说,目的的提出不是目的,提出目的是为了实现目的。

所谓手段,就是实现目的的一切工具、途径和方法,是使观念性的超前性的目的转化为直接的客观现实,是主体活动与目的实现的中介。人类在实践的基础上实现目的,又在实践的基础上创造出实现目的的手段。人的目的是基于需要产生的,为了实现目的,需要创造出实现目的的手段,而这就需要遵循客观世界的规律,制造出工具,提出实现目的的途径、方式和方法。可以看出,目的与手段是紧密相连的。一方面,目的的实现离不开一定的手段,目的的确定提出也不是凭空的,它要依据一定的客观规律,也依赖于一定的手段。假如目的提出后,并没有适合于实现目的的手段,那么目的也会落空。另一方面,手段又是从属于目的、服务于目的的,没有目的也就无所谓手段,手段的创造、存在,是为了目的的实现。反过来,一个目的的实现,又可能成为更高层次目的的手段,就是说,目的和手段也是相对而言的,在一定条件下,两者是可以互相转化的。

举例来说,登上月球是人类曾经的目的之一,如今,这一目的已经变为现实。可是,假若如今还没有登月的手段、工具,没有取得技术上的突破,人类登月几乎是不可能的。同样地,假如我们仅仅提出了德育的目的,但却没有相应的与之配套的德育手段,没有建立起家庭、学校、社会德育的系统工程,是实现不了德育目的的。而一旦某一德育目的得以落实,受教育者在思想、道德方面发生了或实现了预期的变化,到达了预想的状态,那么这一德育目的又会成为实现更新、更高德育目的的一个手段。

（二）德育的目的与手段

教育者在具体的德育工作中对受教育者预期的德育结果,即德育目的,它的实现是依赖于一定的德育手段的,德育手段的缺失和不完备,将有碍德育目的的实现。

德育手段是指完成、实现德育目的所采取的一切工具、途径、方式和方法。具体而言,德育实施中的原则、内容、方法、组织形式,德育的网络系统等都可以统称为德育手段。

我们在德育工作中,既要提出明确的、切实的德育目的,又要拿出与德育目的相配套的一系列可行性的德育手段。

德育目的作为教育目的的重要组成部分,又作为教育目的在德育领域的具体化,它受教育目的的统帅,但又反过来是教育目的总系统实现的一个分支系统,没有德育目的的充分实现,教育目的的实现将是残缺的。因而,为了更好地实现教育目的,就必须深入探索切合实际的有效的德育手段,以实现教育目的中的极其重要的一个分支系统。

三、德育的本质属性

德育是教育的一个组成部分,它也和其他组成部分一样是教育者根据一定社会的要求,有目的、有计划地培养人的活动。只有揭示德育的特殊本质,才有助于进一步认识和运用教育的普遍规律和德育的特殊规律。按照辩证的思维方法,认识事物的特殊性就是要认识该事物内部的特殊矛盾。事物的特殊矛盾构成一事物区别于其他事物的特殊本质。德育过程是教育者与受教育者共同参与的、实现一定德育目标的教育活动过程,该过程的主要矛盾是教育对象思想品德发展现状与德育目标要求之间的矛盾。德育过程就是这个矛盾不断产生和不断解决从而使教育对象的思想品德不断发展的过程,这个特殊矛盾也就是德育在本质上区别于其他各种教育的根据。

多年来,我国的教育理论工作者对德育本质属性的研究成果,加深了人们对德育本质的认识。1985 年,董纯才等人主编的《中国大百科全书·教育》认为,德育是"把一定社会思想和道德转化为个体的思想意识和道德品质的教育"。①1990 年,顾明远主编的《教育大辞典》教育卷的释义为:"德育旨在形成受教育者一定思想品德的教育。在社会主义中国,包括思想教育、政治教育、道德教育。"2002 年,鲁洁、王逢贤主编的《德育新论》中表述"德育是教育者根据一定社会和受教育者的需要,遵循品德形成的规律,采用言教、身教等有效手段,在受教育者的自觉积极参与的互动中,通过内化和外化,发展受教育者的思想、政治、法制和道德几方面素质的系统活动过程"。②

第二节　大学生德育过程及规律

社会主义高等学校要把学生培养成为德、智、体全面发展的专门人才,这一系统工程的实施,表现为有目的、有计划、有组织的教育过程。在教育过程的整体中,德育是一个重要组成部分。德育过程既贯穿于学校一切教育活动的始终,又有相对的独立性,有着自身特殊性和规律性,我们必须把它作为一个独立过程来研究。关于德育过程及其规律的研究,既是确定德育方针、原则、途径、方法的理论基础,也为实现大学德育科学化提供科学依据。

德育是有规律的。那么德育的规律是什么呢? 我们把握德育规律对提高德育实效性有什么意义呢? 德育目的的实现和德育实效性的获得,离不开对大学生成长规律和时代特点的了解。那么大学生成长的规律和时代特点又是什么呢? 在德育规律的认识和把握上存在一些什么

---

① 董纯才.中国大百科全书·教育［M］.中国大百科全书出版社,1985:59.
② 鲁洁,王逢贤.德育新论［M］.江苏教育出版社,2002:128.

样的问题,我们应该采取一些什么样的对策呢？这些就是本章要研究的主要问题。

一、影响大学生成长的因素分析

(一)值得注意的大学生思想与行为特点

随着市场经济体制的逐步确立,青少年的思想观念和行为方式发生了巨大的变化。这种变化,在作为敏感的具有较高知识层次的社会群体的大学生身上有更加明显的反映,并带有自身的特征,应该引起我们的关注。

1.部分学生的政治观念有所淡漠

一些学生认为,只要学到知识和技能,就可以适应社会,无须谈什么政治素质,只要我不违法,别人就管不着我。这些学生把自己降到了一个很低的标准,而无视自己作为跨世纪一代知识分子所应承担的历史责任,缺乏应有的精神追求。2021 年,某市组织了高校大学生思想状况滚动调研,调研数据显示,一些学生理论困惑颇多,政治观点模糊甚至错误。有 13.5% 的学生认为"共产主义是美好的幻想但无法实现";有 29% 的学生认为"社会主义前途难测,说不清楚";还有 15% 的学生持有"现在不知道社会主义和资本主义的区别在哪里",有 38.41% 的同学认为"私有化是我国社会发展的必然选择"等形形色色的看法。

2.部分大学生价值观表现出实惠与趋利的倾向

社会上存在的拜金主义、享受主义、个人主义对在校大学生产生了明显影响,求富、求美、求乐成为一些大学生的价值追求。他们抛弃了"君子不言利"的旧观念,把求富当作自己的第一追求。他们把求知看作求富的手段,求知识,求事业成功,其目的在于求富。一些学生表现出强烈的拜金主义思想,他们以金钱的多少、地位的高低来衡量价值,以个人欲求的满足,以个人切实感受到的享受程度来评判价值,表现出鲜明的个人主义倾向。通过对大学生思想滚动调查的数据分析,我们可以看到,有 45% 的学生认为"现实生活中,人人都在为自己"。有 15.23% 的学生认为"人与人之间只有永恒的利益,而无永恒的友谊"。在选择价值标准时,有 60.3% 的学生选择了"整个生活经历是否快乐"。

大学校园中,出现了多元价值趋向,一些学生认为个人功利、个人幸福、个人享受是人的本性,应当得到尊重和理解。在实现价值的途径上,许多学生认为应当通过"自我设计""自我奋斗"。当然,仍有多数学生能够从社会与个人的双重角度来正确认识人生的价值,他们希望通过自己对社会的贡献来获得社会对个人的满足,从而在推动社会的进步中实现自我价值。

3. 大学生的社会活动增加,自我行为的控制能力有所减弱

在主观思想支配下和社会观念、社会行为方式的影响下,大学生行为表现出明显的发散性和释能性。他们与现实社会和虚拟的网络社会的接触大量增加,情感活动、人际交往活动、经济活动、娱乐活动等频度和深度都加大了。从大学生的生理心理特征来看,他们处在青春期,生理上的发展成熟,使其思维扩大,精力充沛,感情丰富。在心理上,自我意识、独立性增强。大学生的社会信息量大,社交范围广,更促使自我意识的增强。

另外,当代大学生处在社会改革的洪流中,与上代人相比,他们的思想解放,更倾向于独立思考,民主平等的意识更强;大学生在表现出大胆开拓、勇于实践、敢冒风险等积极因素的同时,也表现出了盲目、草率、随心所欲等不良倾向,不考虑其行为的后果,易受激情的左右而缺乏应有的理智。近年来大学生中的违反校纪现象有所增长,考试作弊等不良的学习风气有所蔓延。因心理困扰问题、情感问题、对学校教学、管理、生活服务等方面工作存在的不满情绪而导致的发泄现象和突发事件时有发生。

总之,当今青少年特别是大学生的思想品德状况在新形势下表现出不同于以往任何时期的新特点,这对我们提高德育的实效性既提出了新的挑战,又创造了新的机遇,为我们开展德育工作,提高德育的实效性提供了客观依据。

(二)高校德育环境分析

德育是一个科学的系统工程,它依赖于教育学、社会学、心理学等诸多学科理论知识的支持。同时,德育也受到社会大环境、校园小环境、教职工素质、学生个人成长经历和自我心理环境的诸多影响。要实现德育的实效,达到目的,就必须客观分析大学生德育的环境因素,并且遵循大学生品德发展的规律来实施德育。

1. 社会经济活动方式的新变化对德育的冲击

改革开放以来,我们国家实行了社会主义市场经济体制,由此而形成了一些新的社会经济活动方式,比如经济成分的多样化、分配方式的多样化。现实社会生活中出现了贫富差距、分配不公等现象,面对这些新的社会问题,青年学生出现了理想、信念的迷茫,甚至对思想政治教育产生一定的阻抗。

2. 社会信息活动方式的新变化对德育的冲击

21世纪人类最伟大的贡献是计算机科学的突破和信息网络化的出现,当今的大学校园已不再如过去那样是象牙塔内的封闭世界,学生也不再是"两耳不闻窗外事,一心只读圣贤书",国内外各种社会政治、经济、文化的信息随时在学生中传播与交流,古今中外各种哲学理念、文化思潮以及由此而形成的价值导向对大学生形成了一波又一波的冲击。当今的大学生不会简单地去接受某一种思想、观念的灌输,他们在思考、在比较。传统的思想教育内容、方式在各种思潮的冲击中显得有些无力与僵化。

3. 社会文化活动方式的新变化对德育的冲击

随着科学技术的日新月异和经济建设的飞速发展,我们身边的文化生活发生了量和质的变化,人们享受着丰富多彩的文化活动方式和先进的活动设施带给我们的快乐,但我们必须关注的是,掩盖在经济繁荣和生活方式多样化霓虹灯背后的黄、赌、毒、迷信、官员腐败等社会丑恶现象和腐朽、堕落的生活方式对大学生造成的负面影响,有的老师讲:我们几堂课讲的内容,抵不上一件社会上的坏事的冲击。

4. 大学生自我角色的变化对德育的冲击

近年来,随着高等教育改革的深化,高校实行了收取一定培养费用的制度,虽然说学生所交学费仅为其全部培养费用的一少部分,但毕竟与以前有所不同,学生家庭要有一定的经济投入。同时,学生毕业时学校不再包分配,而转为就业指导与服务,学生在学校的帮助下,双向选择谋取职业。这些现实,都使学生的自我角色发生了微妙的变化。学生的维权意识日益突出,学生希望在对等的前提下接受学校管理与教育,希望得到学校方方面面更好的服务。特别反感居高临下的管理者和教育者,对一些僵化的、脱离实际的思想教育则形成心理阻抗。对此,我们应进行客观的分析,在积极对学生进行引导的同时,也要看到传统的思想教育模式和教育内容已滞后于社会的发展,需要进行改革,以实现德育实效性目标的要求。

影响学生接受教育效果的因素主要有:学校综合环境(人文环境、校园环境、学生班级或宿舍风气等),教师素质能力(思想境界、理论水平、教授方法等),成长经历(成长挫折、家庭条件、社会应激事件的影响等)。而市场经济的社会背景又对以上因素和受教育个体产生正向或负向的影响。

(三)大学生品德发展规律分析

德育是以学生的品德形成、发展规律及教育规律为其研究对象的,那么,研究德育过程及其规律首先就必须研究学生品德的形成、发展过程及制约条件。我们应看到,品德的形成过程要比德育过程广泛得多,它包括学校、家庭、社会对学生的整个影响过程,其中有可控的自觉的影响因素,也有广泛的自发的影响因素。德育过程是自觉的影响过程,不是自发的,而品德形成过程中却有自发的一面。学生的品德可以在德育过程中形成,也可以在其他社会生活条件影响下形成;可能与德育过程一致,也可能与德育过程不一致。我们应当充分发挥德育过程在学生品德形成过程中的主导作用,自觉地培养学生与社会要求一致的品德,克服消极的社会影响和与社会要求不一致的品德,将社会的要求同学生品德发展的要求统一起来,使德育过程和品德形成过程产生最佳综合效应。为此,必须首先研究学生品德形成的规律。品德是一个人建立在一定的心理素质基础上的思想品质、道德品质和心理品质的总和,是一个人完整的精神世界。大学生在校期间恰值其一生中最重要的身心成长时期,也是品德发展的关键期。大学生品德形成和发展具有其内在的规律。根据品德发展心理学的研究,人的品德的形成是一个动态的由低级向高级(心理发展—道德认知—思想观念)逐步发展的过程。高层和低层之间互相渗透成为一个统一的整体,构成一个完整的精神世界。

二、大学生德育的规律

规律,即事物本身所固有的内在的必然的联系。德育过程的规律是什么呢?关于这个问题,应当说人们已经进行了很多研究和探索,提出了许多宝贵见解,值得我们学习、借鉴和参考。德育活动是有规律可循的。为什么有些德育内容、途径和方法会收到显著的效果,而另外一种内容、途径和方法则遭到学生的冷遇,陷入形式主义的泥潭?这说明德育活动确实存在着客观规律,德育规律确实支配着德育活动。只有对德育现象达到了本质的认识,我们才能正确解释错综复杂的德育活动;只有把握了德育活动的客观规律,我们才能在德育实践中获得自由,收到预期的德育效果。我们研究德育实效性,就是为了更好地把握德育规律。用反映德育规律的理性认识来指导德育实践。在此,我们只想指出把握德育规律对提高德育实效性的重要意义。

(一)德育是教育者、受教育者和环境共同起作用的过程

德育过程是由诸多要素构成的,而其中主要是教育者和受教育者及教育环境三个要素。它们是构成德育过程的三个最基本的要素。因此,德育过程的规律,首先是这三个要素之间相互联系、相互作用的规律,或者三要素共同起作用的规律。那么,教育者和受教育者及教育环境三者在德育过程中各自起着怎样的作用以及怎样起作用呢?

1. 德育过程中,教育者处于主导的位置

没有德育过程,当然也就无所谓德育过程的实现及德育的一切,这就是教育者在德育过程中起决定作用的充分体现。

2. 大学生是德育过程中自觉的、积极的、能动的主体

大学生虽然是教育对象,处在被教育的地位,但是,这绝不意味着学生在德育过程中只能是完全处于消极被动状态的受教育的客体,准确地说大学生是德育过程中自觉的、积极的、能动的主体。受教育者这种主体作用发挥得如何,直接关系着德育的质量和效果。提高德育质量,求得较好的德育效果,最终要把社会所需要的道德规范、社会意识和政治原则落实到受教育者身上,使其转化为他们的信念、行为和习惯。不管是教育者对受教育者施加教育影响,还是受教育者积极、主动地接受教

育者对自己施加的教育影响,都需要经过一定的中间环节或借助于一定的中介手段(即学校、社会、家庭、党团组织、班、宿舍集体、教育内容、教育手段和方法等),我们把这些需要经过的中间环节或借助的中介手段通称为教育环境。

3.教育环境在德育过程中发挥重要作用

好的党风和社会风气对学生品德的形成和发展起好的作用,党内不正之风和负面社会风气则对学生起相反的作用,甚至成为学生接受某些错误思潮影响的根据和理由。此外,在一定条件下,家庭对学生的政治思想、道德品质、性格爱好、职业选择乃至生活方式等都有影响。这种影响之大、之深,甚至有时能超过社会和学校。因此,我们绝不可小看教育环境在德育过程中的作用。德育过程是教育者和受教育者以及教育环境共同起作用的过程。这里讲的起作用,就教育环境来说,当然是指它起到的积极作用。

(二)德育是以循序渐进的方式促进大学生品德发展的过程

就高等学校来说,德育的目的不在于使学生具有某些道德伦理知识,而是培养他们要有一个高尚的品德和完整的人格。所谓人格,体现了人的一切品德的总和。品德的发展也就是大学生在德育过程中认知、情感、信念和行为这四种因素交互作用、相互影响、辩证发展的过程。缺少其中任何一种因素,都难以形成大学生完善的品德和人格。

1.德育的起步——大学生的认知

众所周知,认知是客观事物及其规律在人的头脑中的主观反映,是形成品德的基础。认知是人们对是非、善恶、美丑评价的前提。孔子说:"知者不惑""弗学何以行?"知是行的指导。人们要有良好的行为,首先要有正确的认知。认知的来源有两个:一是实践,二是间接经验。所以,在德育过程中提高学生的道德认知是很重要的。在青少年中,有的人之所以有这样那样不合乎道德的行为,往往并不是一开始就有意要这样做的,而是对道德、对社会公共生活准则无知或缺乏正确的了解所造成的。

2. 德育的媒介——大学生的情感

情感具有两极性或对立性,表现为肯定或否定的两极对立,如喜悲、爱憎等。情感的作用分积极和消极两个方面。积极的情感,如爱国的情感可以促使人们为祖国而献身。消极的情感则使人消沉、颓废,不仅有害于己,而且于国家也无利。所以,激发大学生积极的情感,克服或消除大学生的消极情感,是学校对学生进行德育的手段之一。

3. 德育的升华——大学生的信念

什么是信念?信念在人的品德形成过程中的作用是怎样的呢?所谓信念,就是人们对一定的人生理想和社会理想的真诚信仰,是人们确信并自觉遵循的思想、观点和行为的准则。信念是认识和情感升华到一定高度以后产生的,是感情化了的认识。信念是一种精神力量,是人生观的基础。具有坚定的信念,是一个人思想、政治、品德、素质趋向成熟的一种标志。大学生的信念与人生观、世界观的形成是一致的,是同一个过程。

大学生处在信念形成的重要阶段。信念是大学生品德发展中的一个重要方面。大学德育的目的之一,就是帮助大学生确立坚定和科学的信念。对大学生进行的一切教育,最终都应形成或转化为信念。尽管这种转化是十分艰难的。从当前来看,大学生应当确立社会主义事业的必胜信念,人类社会必然走向光明的信念。人的信念一经确立,就具有很强的稳定性。有了坚定的信念,也就强化了意志,最后也就有了果敢而又正确的行为实践,这就是信念在德育过程中的重要作用。

4. 德育的成果——大学生的行为

行为是在一定的认识、情感、信念和动机支配下所采取的实际行动。行为和实践是相通的,它所表现的是人对客观事物或外在世界所进行的改造或创造的物质力量。行为是构成人格素质的重要因素,是衡量一个人品质优劣的重要标志。一个人的思想品德如何,主要不是看他的言论是否动听,而是看他的行为是否符合社会的要求。孔子说:"力行近乎仁。"又说:"君子耻其言而过其行。"知与行、理论与实践的统一,是观察人、教育人都要遵循的原则。观察人,要听其言,观其行。不看一时一事的表现,要看各方面和一贯的行为表现。由于大学生对外界各种影响的选择、消化和应用的不同,从而表现出来的行为有所不同。有人能言行一致,有人则不能。具体到每个学生思想品德的成熟过程,也是一个知行一致与不一致的矛盾运动过程。道德行为有两种表现:一种道德行为是不稳定的、有条件的;另一种道德行为是无条件的、自动的、带情绪色彩的。前一种是不经常的道德行为,后一种则已形成了行为习惯。真正可以称之为道德行为的,应该是道德行为习惯。大学德育的目标,就是引导他们完成从知到行的转化,不断地产生正确行为,并形成良好的行为习惯,进而形成良好的品德。

(三)德育是教育与实践紧密联系、相互作用的过程

1. 德育具有教育性

科学的世界观、人生观和道德观不是与生俱来的,必须伴随着系统的、严格的教育过程才能形成。德育过程贯穿着小学、中学、大学的全部学业过程,进入大学学习阶段之后高等学校有责任按照国家教育主管部门颁布的《普通高等学校德育大纲》对大学生实施德育,即主要通过课堂教学、社会实践等各种教育形式,有目的、有计划地对大学生施以系统影响。因此,高校德育中的理论灌输是必要的,我们不能随意否定德育理论教育中的灌输原则。但是,强调灌输原则的重要性,绝不是把德育过程单纯变成学生接受教育者说教的过程。关键在于高校德育工作者如何使理论教育更加生动和鲜活,更加贴近大学生成长发展的实际需要,使教育方式更加新颖,从而促进德育理论教育形成更好的发展空间。

2. 德育具有实践性

德育的实践性体现在德育必须适合社会的客观状况和客观要求;德育必须注重引导学生实际践行社会道德规范。一个人思想品德的形成,不仅表现在他懂得了许多道理,而且表现为他能够把思想品德的认识付诸实践,从而达到"知"和"行"的统一。

有一种观点认为,由于学生阅历浅、单纯,其参加实践活动会被某些不良的社会风气所污染,因此应该把学生的实践活动严格限制在德育过程的可控范围内。不可否认,社会上确实存在某些消极影响,但德育过程完全排除这些消极影响是不可能的。我们认为,鼓励并创造条件让学

生积极主动地参加社会实践活动,正是高校德育需要重点开发的工作领域。这是因为,实践活动既可以开阔学生的生活视野,丰富学生的知识和经验,又为学生提供了正确的比较、鉴别和选择吸收社会影响的条件。在把握德育规律时,必须认识到,德育过程是受教育者在实践活动中接受教育的过程。我们不仅要注重德育理论的研究,还要注重德育实践的研究。

3. 德育具有社会性

德育过程不是脱离社会影响的、孤立的、封闭的过程,而是对来自社会上的影响不断做出反应的开放过程。改革开放的社会大环境,使学生从来没有像今天这样多地接触社会、接触世界。可以说,德育过程越来越受到来自社会其他方面的影响,这种影响在学生思想品德形成过程中的作用也越来越大。德育过程是有目的、有计划、有组织的影响过程,从这种意义上说,它也属于社会影响,而且是积极的社会影响。

积极的影响有利于学生形成正确的思想品德,有助于学校德育任务的顺利实现;消极的影响则干扰学校德育过程,对自觉的教育起着阻碍或抵消的作用。在这种情况下,学校德育要对社会各种影响做出反应、选择和调节,发挥积极影响,抑制以至消除消极影响,在尽可能的范围内调控影响的社会条件,使学生朝着社会所期望的方向发展。因此,要全面完整地把握德育过程的规律性,必须摒弃把德育过程封闭起来的传统观念,认真研究德育过程和社会影响的关系,考察制约学校德育效果的宏观环境和微观环境。

第三节　德育理论导向下的大学生人格与素质发展

一、品德与人格

德育是培养人品德的活动,也是塑造人格的活动。品德与人格是人的素质中两个密切相连的要素。

（一）关于品德

品德作为个体的道德素质，它是人格（个性）的一个侧面，一个组成部分，是人格中具有道德评价意义和处于核心地位的部分。正因为这样，人们在日常用语中常常把人格等同于品德，如说某某人人格低下，实际上是说某某人品德低下。

（二）品德结构

任何一种品德都包含一定的品德认识、品德情感、品德意志、品德习惯四种基本要素。品德认识是人对社会品德现象与品德行为规范的理解。品德情感是人在社会生活中，对别人或自己的行为是否符合自己已掌握的思想道德标准和思想道德需要而产生的内心体验。品德意志是指人在道德行为过程中所表现出的意志水平。品德习惯是一个人无须外在监督，以自己意志努力即可自动实现的思想道德行为。这四种要素构成一个人的品德结构系统，其关系是互相联系、互相渗透、互相影响的。

品德认识是品德情感、品德意志、品德行为及习惯的基础；品德情感影响品德认识的形成与发展，并且与品德认识结合，构成品德行为的动机，调节品德行动。品德意志行为是品德认识与品德情感的具体表现，同时品德认识和品德情感又是在品德行为实践中形成和发展的。品德习惯则是在品德认识与品德情感、品德意志的支配和影响下，通过品德实践练习而形成。品德习惯一经形成，便会引起相应的品德情感，并成为品德行为的动力。

品德结构是四种要素共同发生作用，互相结合、协调发展的过程。一个人的思想道德品质水平主要取决于这四种要素能否协调、和谐地发展。当然，四者各自的发展水平总是有差距的，是不平衡的；但是，如果差距太大，比例失调，就会造成品德结构上的缺陷，阻碍学生品德的健康发展，甚至形成不良品德。

（三）关于人格

人格，从心理学的意义上讲，就是人的个性（Personality），它是一个人的整个精神面貌，即具有一定倾向性的心理特征的总和。个性（人格）的结构是多层次、多侧面的，是由复杂的心理特征构成的整体。

（四）品德与人格的关系

品德是个人的道德品质，它是个人依据一定社会道德原则和规范行动时所表现出来的稳固的心理特征和倾向。它是个体与外部环境相互作用的产物，离开了个体的气质、性格等人格因素，品德无法凭空产生。相反，没有相应的品德的形成，人格的形成就会失去方向和灵魂。因此，德育所要培养的品德就不能仅仅局限于反映社会意识的道德品质、政治品质和思想品质，还必须包含个性心理品质，如气质、性格和品德方面等。德育的核心作用在于塑造受教育者完善的人格。

二、德育与大学生人格的形成

人格（个性）结构的诸因素中，气质主要是由遗传决定的，具有相对的稳定性，它处于人格形成的基础地位。性格则是以一定的气质为基础，在个体与外部环境相互作用过程中形成的稳定的态度和行为方式。性格处于人格的中心地位。德国哲学家康德早在18世纪就曾指出，德性只有在人格的准备下才能形成。因此，培养青少年的思想品德就不能仅仅着眼于社会意识的灌输，更要着眼于人格的培养，着眼于有效地促使社会主流影响与学生人格的融合。

（一）人格的培养

人格的形成过程不是一种自然的过程，而是矛盾运动过程。人格内部诸因素之间以及个体与社会影响诸因素之间存在着纷繁复杂的矛盾。例如，有的学生在学校里被评为"劳动积极分子"，而在家里却是什么活也不愿意干。为什么同样的学生，在不同的情况下会有完全不同的两种表现？客观地说，这不是什么"双重人格"，而是人格形成过程中内外诸因素之间矛盾的表现。学校对学生进行劳动教育，要求学生热爱劳动，积极参加劳动的学生会受到老师的表扬和同学的称赞，会获得荣誉。但在有些家庭里，家长只要求学生读书，从不要求学生劳动，不让他参加任何家务劳动，一切日常生活都由家长侍候。这样两种相互矛盾的影响同时作用于一个学生身上，在他还没有真正形成劳动观点和劳动习惯时，在学校为了得到老师和班集体其他同学的赞扬，就会积极参加劳动，回到家里，激发他争取表扬的外部条件不存在了，他对劳动自然就不积极了。这个事例说明，塑造学生完善的人格，必须深入细致地分析人格形成过程中内外诸因素的矛盾，有针对性地采取各种措施，促使矛盾向积极方面转化，也就是要促使学生自觉地接受和内化外部的积极影响。

人格的培养可以巩固已形成的品德心理特征，也可以改造或矫正不良品德。个体所形成的道德品质的好坏与稳定，是主观与客观、内部与外部等多种因素综合作用的结果。人格特征是其中一个重要的影响因素。如果一个人形成了积极的、良好的人格特征，那么他的言语举止、待人接物的形式就能为社会所接纳，为他人所欢迎，于是他的行为就对社会产生积极、有意义的效果，在客观上为其形成良好品德创造了优良的环境条件；在主观上，对其已形成的良好的道德品质是一种强化，一种积极的反馈，这就可以达到巩固所形成的良好品德心理特征的效果。所以，我们说个体的人格特征反映了一个人对人、对物、对社会的心理倾向。这种倾向性以及与之相应的行为方式在个体的社会生活中可以起到道德动机的作用，成为推动个体从事某种活动的动力。

（二）德育对人格形成的作用

影响人格形成的因素：一是外部环境（社会的影响，学校、家庭的培养教育）的作用；二是学生自我感知、自我教育的能力。人在与客体的交往过程中能逐渐认识自己、认识自己与客体的关系，并能据此对自己的思想行为进行自我观察、自我评价和自我调节。正因为人都具有这种自我意识和自我教育的特性，加之每个人的主观内心世界各有不同，因而每个学生都以自己的方式对待外部影响，或者持肯定态度，积极态度；或者持否定态度，抵制排斥；或者持中立态度，淡漠处之。

以上两个因素中第一个因素就是德育过程，而第二个因素自我教育能力的提高也是德育的结果，是进一步塑造人格的条件和内部动力。学生自我教育能力的增长能提高他们的上进心和自律的能力，"择其善者而从之，其不善者而改之"。可见德育对人格的形成与完善具有催化作用。

同一年龄阶段学生人格的形成，既有共性，也有个体的独特性，而每一个个体又存在着不同发展阶段上的差异。由于人格形成过程中存在着这种变动性与差异性，所以德育并不是机械地用同一种方式向所有的学生传播社会意识，而是要深入细致地分析受教育者矛盾的普遍性和特殊性，有针对性地进行工作。

从以上的分析中可以看出,德育的本质是教育者根据社会的要求,把一定的社会意识转化为受教育者的思想品德。德育是教育的一个有机组成部分,是首要的教育活动。德育培养的受教育者的品德包含反映社会意识的道德品质、政治品质和思想品质,也包含个性心理品质。因此,德育的实质是塑造人格。

第二章
高校德育工作的历史回溯

　　高校德育工作在我国的历史比较长远,通过回顾高校德育工作的历史,可以总结以往的经验,吸取以往的教训,更好地开展当前的德育工作。本章主要分析高校德育目标构建的基本依据、高校德育目标变革的历史经验、高校德育原则的体现、高校德育原则实施的效果与经验。

第一节　高校德育目标构建的基本依据

　　任何实践活动的开展都必须有科学的依据,高校德育目标的规划也不例外。只有理论依据扎实,才能有效地克服德育目标确定时的主观随意性,真正实现规划调整目标中与时代发展不相适应的成分,使高校的德育目标充分体现党和国家的教育方针。

一、规划高校德育目标的宏观依据

　　德育目标的确定受社会、政治、经济等综合因素的影响,在确定现代高校德育目标时应遵循以下依据。

（一）党的教育方针

党的奋斗目标在高等教育方面体现为高等学校的教育方针，即"为社会主义现代化建设服务，与生产劳动相结合"，"以培养大学生的创新精神和实践能力为重点，造就'有理想、有道德、有文化、有纪律'的德、智、体、美等全面发展的社会主义事业的建设者和接班人"。依据党和国家的教育方针，人才个体的成长与社会的发展又是息息相关和相互依存的。社会的发展不仅对人才个体发展提出了要求，同时也为人才个体的发展提供了机遇。人才的培养不仅是社会发展的需要，也是社会发展和进步的动力因素。从根本上讲，德育目标的规划确定必须依据高校培养目标和社会发展对人才素质的要求，以及学生自身发展的特点。

（二）高等教育的时代特点

新形势对高等教育的人才培养问题提出了更高的要求，要求高校人才培养必须主动适应社会主义市场经济对人才的迫切需要，这些是规划确定当前高校德育目标的时代立脚点，同时是面对世界范围内信息产业革命对我国带来巨大冲击的预见性发展战略。依据时代特点，规划确定高校德育目标是培养合格人才、实现民族振兴的迫切需要。

（三）受教育者思想实际

青年学生由于个人成长阅历不同，必然导致在思想意识、道德水准、行为规范诸方面的层次性。结合学生的不同层次，高校德育的具体目标和要求也应有所不同。不依据受教育者的客观实际，把规格定得过高或过低，都会影响人才培养的实效。因此，德育目标的规划确定必须对受教育者的不同层次有深刻的认识，同时正确地拟定他们的发展方向。如果不完全掌握受教育者的层次结构，就很难制定出切合实际的具体目标。以往在规划确定高校德育目标时，往往只是侧重于集中体现党的奋斗目标，而忽视了受教育者的实际特点，导致德育目标过于笼统，缺乏层次性和具体性，使可操作性降低，进而影响德育的效果。因此，新时期德育目标的确定一定要依据受教育者的思想实际。

二、规划确定高校德育目标的微观依据

以黑龙江科技学院大学生作为一个区域性研究群体,其基本状况可以归纳为:"一个中心""两个矛盾""三个特征""四个多""五个不平衡"。

一个中心:以自我成才和自我价值实现为中心。学生中出现了考研、计算机、外语热等现象,但深入分析部分学生的成才动机,与国家的振兴、社会发展联系既有统一性又有不够理性的特点。

两个矛盾:对学生自我期望值高与自身素质不适应社会要求的矛盾;青年学生日益增长的精神文化需求与学校软硬环境还不能满足学生较高文化层次需要现状的矛盾。

三个特征:一是时代特征。目前,高校大学生身上焕发着新一代中国青年积极进取、不甘落后、奋发向上的拼搏精神,同时也存有新与旧观念上的冲突、理论与实践能力不一致等问题。二是中学生特征。目前在校的青年学生,由于受传统"应试教育"的影响,导致他们在中学时期仅仅侧重文化课的学习,而忽视了政治观念、思想道德、行为规范、心理健康等方面的系统教育和严格的训练,形成了身心以及生活能力等方面的畸形发展。虽已考入大学,但在很多方面仍然保留着中学生的特征。三是青春期的生理和心理特征。由于年龄基本处于 20 岁左右,处于青春期的大学生因为生理和心理上的原因,导致在情趣和爱好上体现出青年人的富于浪漫和不稳定的自然特征。

四个多:一是团员较多,占学生总数的 95% 以上。二是独生子女较多,占学生总数的 70% 左右。三是特困生较多。由于受发展背景的影响,黑龙江科技学院学生中来自农村、矿区的生源较多,导致特困生比例偏大,高校体制"并轨"后,更加重了这一现象。四是外省区学生多。以上这些客观原因的存在产生了许多新的矛盾和问题。如团员多了,团员的先进性和模范作用显得不突出了;独生子女多了,家庭中过分的宠爱,形成了依赖性强、独立生活能力差的局面;特困生多了,导致学生思想不稳定,后顾之忧较大,不能安心学习;外省区学生多了,在生活习惯、饮食习惯、语言沟通等方面会出现很多不适应。

五个不平衡:一是德、智、体、美等方面综合发展不平衡。二是政治观念、思想道德、行为规范、心理品格等发展不平衡。三是学习目标、学习动力以及学习成绩发展不平衡。有些学生雄心很大,立志成才,学习

刻苦,动力很足,成绩优秀。有些学生仍存有"60分万岁"的思想,学习不努力,成绩较差。四是自然科学与社会科学知识、基础理论与专业技术知识以及书本知识与实际操作能力的结构发展上不平衡。尤其体现在毕业生实行"自主择业"后,部分毕业生对自己的发展前景茫然无措。五是不同年级的党员发展不平衡。

只有准确掌握学生上述基本状况,在规划和确定一定时期内德育目标时,才能更具针对性和说服力。

第二节　高校德育目标变革的历史经验

一、确定和实施德育目标的重要前提

(一)正确分析形势

任何时期的德育目标都必然为社会的政治经济所决定,并为一定的社会发展服务。半个世纪以来的德育实践表明,只有正确分析和把握一定历史阶段的国内外政治经济形势,才能科学地设置和实施高校德育目标;如果分析发生偏差,所确定的德育目标及德育目标的实施就会脱离社会前进的方向,违反学校教育的规律而走入歧途。

历史经验表明,正确分析国内外政治经济形势,是确定德育目标的重要前提条件。只有经常注意并正确把握客观形势的变化,才能使高校德育工作始终不脱离社会发展的方向,德育目标的指向不偏离正确的轨道。

(二)正确认识大学生

高校德育的对象是在校大学生,德育目标要反映他们的实际愿望和需求。正确分析和评价大学生的主流和支流,对他们的情况有一个准确的把握,是正确确定和实施德育目标的前提和基础。在抗日战争时期,全国各地的大批知识青年,怀着抗日救国的意向,纷纷奔赴革命圣地延安,投入全民抗战的洪流。当时,党和边区人民满腔热情地接待他们,并把他们送入"抗大"等革命大学学习。为了把他们培养成为抗日救国的军政干部,各学校在深入了解他们的思想状况和革命要求后,对他们进行了系统的思想政治教育,除了对他们进行马克思主义基本理论教育和形势政策教育外,还特别注意在实践中转变他们的思想,组织他们深入工农群众,参加实际斗争,在实践中改造世界观,树立正确的政治方向。

由于各学校的教育目标正确,教育措施得力,一批批优秀的抗日军政干部脱颖而出。实践证明,要正确确定和实施德育目标,一定要把大学生放在一定的社会历史条件下予以正确的分析。在分析过程中,要注意把握大学生的整体状况,要把时代特点同学生的年龄特点结合起来,对青年学生多一些理解和尊重;把学生的主流和支流区别开来,主要看学生的本质;把先进的因素和后进的因素联系起来,主要看其发展与进步的可能性;把稳定的因素和暂时的因素区别开来,主要看其稳定的东西,这样分析和评价学生才是符合实际的、科学的。以此为出发点提出和实施德育目标才是科学的、合理的,才能为广大教育对象所接受。

二、正确处理德育目标的整体性与层次性的关系

高校德育目标是高等学校整个培养目标的重要组成部分,是对大学生在政治、思想、品德方面的整体要求,对学校德育工作起导向作用。在实施德育目标时,首先要考虑目标的整体性要求,按照目标的总体要求去合理地分解、实施,可以有所侧重,但不应有所偏废,这是正确实施德育目标的重要原则。

高校德育目标的先进性是它的本质特点,它必须源于现实,又高于现实,坚持用共产主义的思想体系来教育学生,力争培养更多的先进分子。但是在实施过程中必须从基础开始,一个台阶、一个台阶地前进。清华大学提出的"三个台阶"的要求,就是这方面最成功的经验。从教育对象来讲,任何时期个人的思想品德基础及其发展要求,都不可能在同一水平线上。从这一客观事实出发,高校德育目标对每个学生的要求也不能是同一的,应该是分层次的,有高有低的。

为了改变这种状况,有学者对高校德育目标设定了三个层次,即基础目标、主导目标、最高目标。基础目标侧重于基础道德品质的训练;主导目标侧重于政治思想品质的培养;最高目标则注重于健全的综合素质和完美人格的塑造。以此把先进性要求与广泛性要求结合起来,以满足不同类型的大学生对思想品德发展的不同需求。应该说,对高校德育目标层次性的这一构想是很有现实意义的,是正确处理德育目标的整体性与层次性关系的有效对策。

三、坚持德育目标的共性要求与个性发展的辩证统一

高校德育目标的主要内容是根据社会发展需要而提出的对全体学生的共同要求,它对培养一代人的整体素质是完全必要的。因此,在实施过程中,任何时候都应坚持德育目标的社会性要求。但是,在过去较长一段时间里,实施目标更多地强调了社会性要求,而忽视了学生的个性发展,在教育中不看具体对象,都是"一刀切""一锅煮""强求一律",给德育工作造成了不良的影响。德育工作的对象是人,而人是千差万别的,在年龄、性别、民族、家庭、知识、兴趣爱好等方面都各具特殊性,这就要求我们必须针对这些特点有的放矢地做学生的思想工作,做到一把钥匙开一把锁。

事实上,青年时期是个性心理品质形成的关键时期,不仅他们的自我意识、思维的独立性有了显著发展,而且在个性心理品质方面也显示出很大的差异性:有的学生热情、开朗、活泼,但缺乏意志力;有的学生内向、深沉、多思,但不善交际;有的学生大胆、自信,但不够细致;有的学生胆小、自卑,却态度认真。只有承认这些个性差异,尊重学生的个性发展,并通过教育使每个学生都能扬长避短,才能培养学生良好的个性品质。

历史经验证明,实施高校德育目标必须坚持共性与个性的辩证统一,既要保证每个学生在德、智、体、美等方面都能达到国家规定的基本要求,又要根据各个学生不同的基础和条件以及他们不同的兴趣爱好,充分发挥他们的个性和特长。这两个方面是统一的,不是对立的,是相辅相成的,不是互相冲突的。一切共性的发展是建立在个性发展的基础上的,个性得到了充分的发展,必将为共性的发展创造良好的条件。因此,我们在任何时候对学生的要求都不能强求一律,更不能压制个性,而要在充分发展每个人的个性和特长的条件下实现全面发展,这样才能真正培养出多种类型的、具有独立思考和工作能力的高素质的创造型人才。

四、坚持德育目标的稳定性、一贯性和连续性

高校德育目标反映了一定社会的政治方向和对大学生的思想品德素质要求。德育目标一旦确定,它将主导着一定时期高校德育的发展方向,只要历史不发生重大逆转,社会不发生重大变迁,德育目标的这种主导作用是不会改变的。这就是它的稳定性和一贯性。只有坚持高校德育目标的稳定性,才能把目标要求贯彻到底,在学生中形成共同的、稳定的价值取向,才能保证培养出一代又一代合格的人才。

历史经验表明,实施高校德育目标既要立足现实、面向未来,又要承袭传统,保持一贯性。高校德育目标的基本内容反映了大学生思想品德结构的构成要素,这些要素包括政治素质、思想素质、道德素质、心理素质等。这些基本内容具有稳定性和连续性,一般情况下不会轻易变化。但是,随着时代的发展、社会的进步,这些素质的具体内涵是会有发展和变化的,即面临新的形势不断会有新的内容来充实和更新。从这个意义上讲,德育目标的稳定性又是相对的。由此可见,高校德育目标的相对稳定性体现了继承性和创造性的统一,只有在继承的基础上创新,在稳定的基础上发展,才能使德育目标既具有时代特色,又能保持其一贯性和连续性。在具体实施过程中坚持德育目标的时代性和稳定性,最重要的一点就是要具有抗干扰的能力。

第三节　高校德育原则的体现

一、高校德育原则与高校德育规律

高校德育规律是在高校德育过程中,内部各要素之间以及德育活动与其他活动和社会环境之间普遍的、本质的、必然的联系。高校德育规律是客观存在的,它不以人的意志为转移。但是我们可以在实践中通过抽象概括和总结反映高校德育规律的基本面貌,形成对高校德育规律的认识。德育原则和德育规律有着紧密的联系。

首先,德育规律是德育原则的来源。德育原则不是凭空塑造出来的,

而是通过在实践中不断地摸索,在总结认识规律的基础上制定出来的。因此,我们必须根据德育规律制定相应的德育原则。

其次,德育原则是德育规律的外在体现。规律只能被人们认识和利用,德育规律在具体德育实践中的运用是通过德育原则来实现的,没有德育原则作为中介,德育规律就难以成为指导实践的有力武器。可见,德育规律与德育原则是辩证统一的关系,两者相辅相成、互为补充。

但是,高校德育原则并不完全等同于德育规律。德育规律与德育原则的主要区别在于:

(1)从认识论上看,高校德育规律具有客观性,在基本条件不发生变化时,其内涵也不会发生变化,人们只能在实践中逐渐认识它。高校德育原则是人们对高校德育规律的主观认识,随着人们认识能力的提高,人们逐渐把握规律的实质,并随着人们对德育规律认识的逐渐深入而不断深化和完善。因此,高校德育原则是一个历史性的范畴,从对其历史演进的严谨梳理中可以揭示人们在对德育规律认识上的思维变化过程。20世纪是中国高等教育苗壮成长的时期,许多高校德育研究者和德育工作者不断致力于高校德育规律的探索,为高校德育原则提供了重要的理论依据,正是在这些不间断的探索中,人们对高校德育原则的认识也不断发展成熟。

(2)从相互关系上看,高校德育原则建立在对高校德育规律认识的基础上,它永远只是部分反映德育规律的实质,不可能真实反映德育规律的全貌。人们对高校德育规律认识水平的提高,并不表示人们可以完全把握德育规律,只可能无限地接近它。因此,德育原则不可能达到至臻至善的境界,总是需要不断地改进和完善。从历史角度审视,有助于动态地认识德育原则,不拘泥于现有的认识和表述形式,有助于解放思想,勇于创新,为实现高校德育目标而创造性地使用原则。

(3)从时代性上看,德育原则与时代特点有着紧密联系,而德育规律基本上不因时局的变化而变化。追溯20世纪高校德育原则的变迁,既是对德育发展的历史考察,也是一种纵向比较研究。

高校德育原则的历史发展,既是人们对德育规律的认识过程,也是不同历史时期对德育实践的经验总结。德育原则是高校德育规律的主观反映和重要体现,它主要体现了以下四个方面的规律。

其一,从社会宏观上看,高校德育原则体现了社会发展规律;

其二,从高校整体上看,德育原则体现了高校内部教育规律;

其三,从具体德育活动上看,德育原则体现了德育过程规律;

其四,从微观个体上看,高校德育原则体现了人的身心发展规律。

二、高校德育原则受制于对社会发展规律的认识程度

社会发展规律是关于人类社会发展变化的基本规律,包括社会发展的基本矛盾、历史发展的动力以及社会形态演变趋势等问题。不同的世界观和方法论,对社会发展规律的解释自然不同。马克思运用唯物史观和辩证法对社会发展规律做了如下阐述:"人们在自己生活的社会生产中发生一定的、必然的、不以他们的意志为转移的关系,即同他们的物质生产力的一定发展阶段相适合的生产关系。"高校德育原则与社会发展规律相一致表现在以下两个方面。

一方面,德育原则由人们认识和运用规律的能力决定,而这个能力的发挥又决定于实际的生产方式发展状况。在不同的历史阶段,生产方式发展不一样,人们对社会发展规律的认识也有所差别。因此,人们依据对规律认识程度而制定的原则也有所限制,它必然是当时社会生产力发展水平的写照。另一方面,社会发展规律为德育原则提供方向性指导,德育原则无论怎样反映德育规律,它都只能是人们主观认识的表现,是上层建筑的,因此,它不得不受制于当时生产关系的状况,并为一定的阶级服务。

社会发展规律并不是一开始就被人们所了解,由于认识能力的限制和阶级局限性,人们很难准确把握社会发展的内在规律。各种哲学思想对社会的发展有不同的解释,在世界观上表现为唯物主义和唯心主义的对立,在方法论上表现为辩证法同形而上学的对立。在近代中国,在不同的时代,对社会发展规律的认识都有所不同。因此,不同时期的统治阶级对高校德育原则认识不同,德育原则也为不同统治阶级的利益服务。

中国传统哲学信奉天道,"人法地,地法天,天法道,道法自然"。因此,在教育方面也信奉学合于道,"大学之道,在明明德,在亲民,在止于至善"。中国近代史的发展,冲击了传统的教育观。在高等教育问题上,主张改革的洋务派和维新派分别改革旧教育体制,建立新式大学,揭开了中国高等教育的新篇章。但两者由于对社会发展规律认识上的不同,在办学体制和德育原则上也存在差别。洋务派虽为改革派,但在对社会发展规律的认识上始终没有脱离封建宗法思想,在思想上他们仍然

充当封建王朝卫道士的角色,以实现"自强"和"求富"。在洋务派开办的学堂中,"中体西用"色彩十分浓厚,如京师大学堂仍以忠君、尊孔、尚公、尚实为主要趋向,教育内容也以封建纲常为主。维新派则强调立宪,发展工商业,尤其强调废科举,倡新学,养有用之才,认识到封建君主专制于社会发展不利,"政权不许参与,赋税日以繁苛,摧抑民生,凌锄士气"。

在高等教育上,他们主张培养各类专业技术人才,反封建礼教,倡自由平等之风气。但维新派的教育思想主体仍是忠君,且在"百日维新"之后影响渐弱,其对社会发展认识的突破并没有贯彻到德育原则中来。

1911 年,辛亥革命将中国反帝反封建的革命推向一个新的高潮,中国绵延数千年的封建统治在摧枯拉朽般的革命中迅速崩溃。与此同时,中国的革命民主主义思潮开始影响中国高等教育。在对社会发展的认识上,孙中山指出"中国数千年来都是君主专制政体,这种政体不是平等自由的国民所堪受的",他力主建立民族立宪政体,提倡民主、平等、自由,推动社会进步。按照建立民主自由的资产阶级共和国的主张,蔡元培起草的《大学令》和《大学规程》都充分反映了反帝反封建革命民主主义要求。

在蔡元培担任北京大学校长期间,他始终用民主主义思想改造高校教育体制,尤其是德育体制,摒弃了忠君、尊孔的封建礼教式,主张民主与自由的新学风,蔡元培的德育体制改革为后来的五四运动奠定了良好的思想基础。

马克思主义为我们提供了一个崭新的视角来认识人类社会和整个世界历史。五四运动前后,中国出现了第一批马克思主义者,他们为马克思主义在中国的生根而孜孜不倦地播种。这个时期,在高等院校中有一批知识分子开始了解马克思主义。在五四运动的沐浴下,马克思主义思潮成为影响中国高校德育原则发展的一个重要力量,许多高校已经建立马克思主义学习小组,马克思主义的德育原则逐渐在高等学校中萌芽。在黄埔军校,中国共产党领导的政治部不断宣扬马克思主义,帮助学生认清社会发展的基本规律,让他们认识到中国现在需要反帝反封建的革命以至于打倒一切剥削阶级,建立社会主义的新国家。马克思主义德育原则在黄埔军校中的运用效果显著,为北伐战争的胜利奠定了思想基础。

中华人民共和国成立后,摒除了旧中国对社会发展规律的种种错误认识,将马列主义、毛泽东思想作为思想和行动的指南,使我们能够科学地认识社会发展的客观规律。马克思主义提出唯物史观是对社会发展规律的科学阐释,而毛泽东思想是这个基本原理在中国特殊历史背景下的具体应用。

在马列主义、毛泽东思想的指导下,各高等学校确立了一系列正确反映社会发展规律的德育原则,如理论联系实际的原则、德育与生产劳动相结合的原则、密切联系群众的原则等,这些德育原则为新中国高校德育工作的顺利开展奠定了基础。

综观整个 20 世纪高校德育原则的发展史,可以清晰地看到,当人们正确认识社会发展规律时,高校德育原则能够正确反映社会发展的要求,促进德育工作的顺利开展,进一步推动高等教育乃至整个社会的进步。当人们不能够正确认识社会发展规律时,高校德育甚至整个高等教育工作都有可能会走弯路。由此可见,高校德育原则必须建立在正确认识社会发展规律的基础上,与社会发展规律相一致,才能有效地推动高校德育工作和社会发展。

三、高校德育原则必须反映高校教育规律

在高校教育体制中,德育工作不是一个孤立的体系,而是与高校教育和管理工作的各个环节相互联系、相互制约的。高校教育体系主要包括德育、智育、体育等内容。高校教育规律要求我们在德、智、体等几个方面均衡发展,不要只注重某一方面的教育而忽视其他方面的教育。毛泽东曾指出:"我们的教育方针,应该使受教育者在德育、智育、体育几方面都得到发展。"对三者之间的辩证关系,可以分别从德育与智育、德育与体育、体育与智育三个方面的关系来考察。这里着重探讨德育与智育、德育与体育之间的关系以及它们对高校德育原则的影响。

首先是德育与智育的关系。教育学的研究结果表明,在德育与智育之间存在着一种相互平行的关系。在一般情况下,一个受过良好知识教育的人其道德素养也相对较高。两者虽然存在一定程度上的相关性,但不是简单的决定与被决定、制约与被制约的关系,有时一些文化水平较低的人也具有朴素的良好品质。高等院校培养的各类人才不仅需要有较高的科学文化素质,也需要有较高的思想道德素质,两者缺一不可。历史经验告诉我们,只重视德育而忽视智育或者只重视智育而忽视德

育,都会严重影响高等院校人才的培养质量甚至影响社会安定。

邓小平总结道:"我们最近十年的发展是很好的,我们最大的失误是在教育方面,思想政治工作薄弱了,教育发展不够。"智育与德育协调发展的规律必须贯彻在高校教育全过程中,并成为指导德育实践的一项基本原则。只有坚持政治与业务、智育与德育相结合,两者协调发展的原则,才能将这个基本规律运用到具体的德育实践中,不至于重蹈历史的覆辙。

其次是德育与体育的关系。体育不仅是为了帮助学生锻炼身体,让他们形成健康的体魄,体育还具有另外一个重要功能,即提升人们的精神境界。在古希腊的斯巴达,每个即将成年的人都必须接受军事训练,其目的不仅在于强军,而且让人们形成对斯巴达城邦的归属感。新中国建立后,在部分高等院校试行的"劳卫制",充分体现了德育与体育相结合的原则。德育与体育相结合的规律已经在中国近现代教育史上得到普遍的认同,在不同的时代,它始终是作为一项基本德育原则出现在各种规章制度中。

高等教育不仅强调德育与智育、体育的相互协调的教育,而且也承认德育的特殊地位,即认为德育是一项有着相对独立的实体性教育工作,又始终与智育、体育等工作紧密结合,并渗透在智育和体育的过程中。但是,德育的特殊性并不表示德育可以凌驾于智育和体育之上,它仍然是与智育、体育同等重要的工作。因此,长期以来都将德育视为其他一切工作的"生命线",在高等教育体系中,德育也是智育与体育的"生命线"。对德育工作"生命线"地位的认识是给予德育工作一个准确的定位。因为有无马克思主义的德育是能否培养出社会主义的有用之才、区分社会主义高等教育与资本主义高等教育的一个重要标志。

高校德育工作不仅与智育、体育相结合,还要与高校的管理工作相结合。管理是人类一项基本社会活动,具有广泛的社会性和普遍性。马克思曾经指出:"一切规模较大的直接社会劳动和共同劳动都或多或少地需要指挥,以协调个人的活动,并执行生产总体的运动——不同于这个总体的独立器官的运动——所产生的各种一般职能。"管理活动是在许多个人共同进行协作劳动的过程中产生的,是社会化大生产的产物,是人类一切有组织的活动中一个必不可少的组成部分。高校德育工作与管理工作有一定的联系:一方面,德育工作是教育工作的一部分,是管理工作的对象,管理工作必须制定相应的德育管理制度,对德育目标、德育内容、德育方法、德育队伍等方面进行全方位的管理；另一方面，高校德育工作本身就是一种管理工作，德育需要贯彻一定社会发展的要求，将其转化为人们的思想意识。

因此，德育工作本身就在管理人们的思想和行为，纯化人们的精神世界。高校德育和高校管理互通互融、相互结合，不能截然将两者分开。因此，在高校德育中，一般都确立和贯彻了德育工作和管理工作相结合的原则。

四、高校德育原则与德育过程规律相一致

高校德育过程是教育者根据一定的社会要求，通过相应的方式、方法和手段，塑造和转化受教育者思想品德素质，并促使受教育者践行社会要求的过程。作为一个有机运行的系统，高校德育过程包括四个基本要素，即德育主体、德育对象、德育中介和德育环境。在德育过程中，四个要素相互配合、相互制约的关系体现了德育过程中内蕴的客观规律性。经过经验总结和理论抽象，人们总能从一些具体的德育实践中发现这些规律，这些规律不以人的意志为转移，所以在开展德育工作时，只有依照客观规律办事，才能达到事半功倍的效果，否则，德育的有效性将大打折扣。因此按德育过程规律开展德育活动，是高校德育工作的一项基本方针，而在这些规律指导下确立的行为准则，就成为高校德育的原则。从我国高等教育创立开始，一些学者就致力于研究德育过程规律，并试图运用到实践中。如蔡元培在担任北大校长期间，主张以美育代替宗教，通过对学生开展审美教育提升学生的文化素质和思想境界。

中华人民共和国成立后，许多教育学者对德育过程规律进行了深入的研究，并将研究结果作为原则指导德育实践。此外，一些一线的德育工作者，及时总结自己的实践经验，为规律的发现、原则的确定提供了宝贵的依据。如1952年的东北人民大学中文系，针对中华人民共和国成立后学生的思想纷乱复杂状况，开展了一系列的德育活动，在活动中发现文艺活动、群众性的实践活动中的德育效果比课堂上纯粹的说教要好，经过总结，系领导认识到结合实际活动开展德育的优点，并将其作为德育一个基本原则在系里确立下来。

在高校德育过程中，以"适应超越律"为基本规律，结合"双向互动律""内化外化律""协调控制律"等具体规律形成了高校德育过程规律

体系。与此相适应,高校德育原则也自然形成相应的原则体系,这个原则体系随着人们对高校德育过程的研究而逐步深化。在整个德育过程中,高校德育原则除了反映各个要素之间的互动关系,将这些互动关系转化为行动的准则之外,还必须将这些准则结合起来形成系统的规范,在其中体现出层次性的特点。

德育过程的具体规律繁多,德育原则也多种多样。在 20 世纪的高校德育实践中,由于对德育过程规律认识上的不同,体现在德育原则的反映上也有所不同。首先是关于对高校德育过程中主体性的认识,体现为主体性原则,即在德育过程中尊重教育者和受教育者的主体性。德育过程中教育者和受教育者都是作为主体性的个体存在的,他们不是德育过程中任由支配的零件,而是能够根据自己的选择,自觉地进行施教和受教的主体。然而,对德育过程主体规律的错误认识长期以来影响着我国高校德育的发展。

在一段历史时期,我们认为在高校德育过程中,教育者是德育的主体,受教育者是德育的客体,这种划分显然忽视了受教育者的主体性,使一些高校的德育活动成了单纯的理论说教和填鸭式的灌输。相反,在中华人民共和国成立初期,在高校德育中开展讨论式教学,让学生各抒己见,然后由教师加以引导,这样的德育方式体现了对学生主体性的尊重,帮助许多学生转变了错误、落后的思想,促使他们积极向上,奋发图强。由此可见,唯有坚持主体性原则,才能有效地开展德育。

其次是德育联系业务工作和社会实践的原则。德育工作在任何时候都不是孤立的,它需要与一定的业务工作和社会实践结合起来,否则,德育工作便会成为无源之水、无本之木。只有将德育工作贯穿于业务工作和社会实践,德育工作才具有生命力。抗日战争和解放战争期间的解放区高等学校的德育工作一直与军事训练,专业课教学及参加社会劳动等活动融合在一起,对帮助学生认清政治形势,树立并形成群众观点和劳动观点起了重要作用。解放初期,有人主张建立所谓的"纯教育学""无政治、无阶级的教育",试图将专业课与德育割裂开来,部分专业课教师也认为德育工作事不关己,认为只需要在课堂上搞好专业课教学就行了。德育工作只有渗透到业务工作和社会实践中才能彰显其效力,业务工作和社会实践只有与德育工作紧密结合才能保持正确的方向。任何将两者割裂开的做法,都会使德育工作陷入形式主义和孤立主义。

最后是教育者和受教育者的情感交融原则。教育者和受教育者不能简单看作教与被教的关系,而是一个情感相互交融的过程,两者之间情感基础越深厚,越容易开展德育工作。融洽的师生关系有益于沟通,有益于学生接受教师讲授的思想与内容。因此,德育工作者不仅仅要当学生思想和知识上的良师,还要做学生生活中的益友。德育工作者需要充分关心学生的成长,关心他们的实际生活,帮助学生在思想品质上不断进步。如果德育工作者只是片面地强调内容的灌输,忽视德育过程中师生情感的交融作用,甚至引起师生之间的对立情绪,都会影响德育的实施效果。教育者与受教育者之间的情感交融与活动是德育过程中的重要原则,只有坚持该原则,才能使德育工作密切联系实际,增强德育工作的针对性和有效性。

五、高校德育原则必须符合学生思想品德形成与发展规律

个体思想品德形成与发展规律是高校德育原则确立的微观上的依据。高校德育的最终目的不只是将一定的社会要求灌输给受教育者,更重要的是要引导受教育者经过自己的心理活动,将其内化为自己的思想品德情感和意志,最终外化为具体的道德行为。因此,对个体在心理上如何接受德育内容,都要求对学生的思想品德形成的规律有一个正确的认识。

个体思想品德形成和发展规律可以划分成两类不同的规律体系,从共时性上来看,个体在接受并践行一定的社会要求时,需要经过知、情、意行的矛盾变化,这就是说,个体在接受教育时具有一定的主动性。德育只有注意发挥受教育者的主体性,才能收到实效。在历时性上,由于人在不同的时期生理和心理特征有所不同,个体思想品德的发展状况在不同的年龄段上也有差别。高校德育对象主要是高校学生,他们在生理上大多处于青春中晚期,趋近成熟;在心理上,他们思维活跃,情绪变化丰富,并具备了较强的自我意识。高校德育对象的特殊性要求德育工作加强针对性,做到有的放矢、区别对待,以增强德育的实效性。

在人们思想品德形成的过程中,他们的知、情、意、行之间总是存在各种矛盾,只有促使受教育者的品德认知、品德情感、品德意志、品德信念、品德行为的协调发展,才能使他们顺利形成良好的道德品质。人们在知、情、意、行上的矛盾运动是提高思想品德素质的内在动力。中国科技大学总结的"三全育人"的模式,即全员育人、全方位育人、全过程育人,有效地体现了对学生的知、情、意、行全方位、全过程的关注。如他们提出:"以'两课'(马克思主义理论课、思想品德课)为主导、'三进'(进教材、进课堂、进学生头脑)为主旨、'两校一会'(党校、团校、学生邓小平理论研究会)为主阵地,以广泛开展'第二课堂',积极引导学生能动参与自我教育为补充。"在这个德育模式中充分体现了知、情、意、行相结合的原则。因此,他们的德育工作成效显著。

除了了解学生在知、情、意、行上的矛盾变化外,还必须尊重学生在接受教育过程中的主体性。受教育者不是被动地接受所有的信息,而是有选择地接受信息,而一部分转化为道德认识的信息也不会全部转化为道德情感和道德意志,最终体现在道德行为方面的更少。因此,个体的思想接受规律是高校德育原则确立的重要依据。由于近代心理学的发展,我们能够了解一些关于个体接受学方面的知识,如设立接受目标、产生接受动机、创造接受氛围等,但我们对这方面规律的认识还十分肤浅,因此高校德育原则在反映这一规律时还有相当大的局限性。

在 20 世纪我国高校德育发展过程中,并非一直注意遵循受教育者的接受规律。中华人民共和国成立初期,虽然我国尚未开展对接受规律的研究,但从革命战争时期积累的丰富的德育经验告诉我们,在开展德育中需要尊重学生的主体性,因而在一段时期内,我国的高校德育工作呈现出繁荣活跃的局面。

强调学生在接受过程中的主体性不等于对学生放任自流,在尊重主体性的同时还需要加强积极的引导和严格的要求。一些论著指出,学生接受德育的过程应该坚持日标导向与尊重学生的主体性相结合,即必须体现方向原则、激励原则、主体原则等。在 20 世纪 90 年代末,一些高校开始运用心理保健与高校德育相结合的模式,在很多高校专门设置了心理咨询室,这些变化说明我国越来越重视学生个体的接受机制,尊重学生的主体性,并逐渐将其作为一个德育原则确立下来。

最后,高校德育必须符合学生的身心特点。大学生是特殊的德育对象,他们处于青春期,生理上趋于成熟,心理上自我意识明显,但在思想上仍存在较大的可塑性。针对大学生的身心特点开展德育工作是高校德育原则中不可缺少的要求。德育工作是一项实践性较强的工作,它的对象是具体的、现实的人,在德育过程中,不同特征的人表现出不同的道德需求,一种德育方式在不同的人身上效果也迥然不同。因此,欲达到最佳的德育效果,不对受教育者的特征进行考察是不行的。在以往一段时期的高校德育中,存在着空谈共产主义的远大理想,而不考虑青年学生成长的现实需求,这样的德育效果自然低下,尽管学生会形成对共产主义的某些思想认识,但由于其目标与现实相去甚远,学生难以形成相应的意志和行为。

在德育过程中,仅仅教育共产主义理想,缺乏对现实道德问题的阐释会使学生在现实问题上产生迷惘,导致精神空虚,对社会和个人的发展丧失信心,这样也是对德育工作不利的。有人比喻,在进行德育时,就像摘桃子,"既要'蹦一蹦'才能摘到,又要'蹦一蹦'就能摘到"。高校德育既要为受教育者设立目标、内容,但德育目标、内容又一定要符合受教育者身心发展的实际。

20世纪90年代后,各个高校越来越注意针对学生的实际情况开展德育,如有的学校提出"两头抓紧、中间夯实"的德育原则:"两头抓紧"是指抓好学生入学和毕业的思想工作,入学时学生要完成从中学生向大学生的角色转换,是一个思想转折时期,而在毕业期间,学生即将走向社会,要让学生学会如何正确面对社会;"中间夯实"是指针对学生在校期间容易产生一些实际问题,如恋爱问题、贫困生问题、学习问题、师生关系问题等,从实际出发,进行教育和引导,帮助他解决好人生观形成过程中存在的认识问题和实际问题。"两头抓紧,中间夯实"的原则充分体现了高校德育注重与学生身心发展阶段相适应的要求,在具体实施中比以往更加具有针对性,同时也提高了高校德育工作的实效性。

第四节　高校德育原则实施的效果与经验

一、高校德育原则必须和德育目标相一致

高校德育目标是培养符合一定社会要求的、为社会发展服务的人才。而一定的社会要求必然与统治阶级的意识形态相一致,属于上层建筑,因此,高校德育目标必然受到一定社会的经济基础的制约。高校德育原则是对客观规律的主观反映,是德育规律的主观化和意识形态化,

在一定程度上,被用来服务于统治阶级的意识形态,以保障他们的阶级统治和社会的正常秩序。尤其是在剥削制度下,德育原则背离德育规律更是常有的事;但不论在什么情况下,德育原则与德育目标相一致,总是为实现一定的德育目标服务的。具体来说,德育目标与德育原则相一致体现为方向性原则,方向性原则是贯彻实施其他德育原则的前提条件。

历史经验证明,只有当高校德育原则与高校德育目标相一致时,高校德育原则才能有效地贯彻实施。在北洋政府统治时期,蔡元培欲对高校德育进行改革,他试图在高校推行民主自由的原则,培养学生的自主性。但是由于这些德育原则和措施不符合北洋军阀统治者办高等教育的初衷,他们大力推行的是忠心于军阀统治的奴化教育,这种德育目标与蔡元培的德育原则格格不入,因此,他的教育改革的尝试只能以失败而告终。

中国共产党在革命战争期间,自办的高等院校和干部培训学校积极倡导与新民主主义革命要求一致的德育原则,抗日军政大学将教育与抗日民族统一战线的原则结合起来,与艰苦奋斗的精神结合起来,充分体现了德育原则与培养革命的知识分子的统一性。

中华人民共和国成立之初,我国处在由新民主主义向社会主义过渡的时期,高校德育原则集中体现了肃清封建的、买办的和帝国主义的思想在中国的影响,积极培养为新中国建设服务的人才的目标要求。德育目标和德育原则的一致性推动着德育工作顺利向前发展。

高校德育原则与德育目标相适应是不以人的意志为转移的必然规律。在不同的生产关系条件下,所确立的德育目标是不同的。当高校德育原则与德育目标的要求不相一致时,处于统治地位的阶级总会处心积虑地改变德育原则,使之与所需的德育目标相适应。我们不能期望在清政府和北洋军阀统治下的高等院校实现民主、自由的德育原则,在得不到统治阶级认可的情况下,正确的德育原则不可能得到顺利贯彻。但是,如果德育原则与社会发展的要求背道而驰,人民大众和先进生产力的代表就会竭尽全力去推翻它,正如南京政府在高校中推行党训和政训教育,极大地扼杀了学生的主观能动性,违背了人民大众对民主与自由的向往,所以人民大众推翻了它。由此可见,高校德育原则与高校德育目标相一致的本质在于与社会生产方式发展的水平相适应,与一定经济基础和上层建筑相适应。

二、坚持实事求是的思想路线是实施高校德育原则的立足点

高校德育原则总是与一定的实际情况相关联。在实际的德育过程中,高校德育原则不能脱离一定的历史背景、一定的人文和自然环境、一定的教育对象而孤立存在,它必然是针对一些具体的实际问题和现实水平而提出的。脱离实践的德育原则,往往不能被教育者和受教育者所接受。因此,实事求是是高校德育原则得以有效贯彻实施的根本出发点,否则,所制定的德育原则只能是形式主义的条文,不可能成为指导德育实践的原则。

在革命战争期间高校德育原则是从我国的学生的实际出发而制定的。毛泽东在批判主观主义作风时曾指出:"在学校教育中,在对在职干部的教育中,教哲学的不引导学生研究中国革命的逻辑,教经济学的不引导学生研究中国经济的特点,教政治学的不引导学生研究中国革命的策略,教军事学的不引导学生研究适合中国特点的战略和战术,诸如此类。其结果,谬种流传,误人不浅。"毛泽东强调教育必须以研究中国革命的实际为中心,高校德育原则自然不能脱离这个中心。中华人民共和国成立初期,在高校德育原则的制定上,继续坚持实事求是的思想路线,对出身于剥削阶级家庭的学生,采取具体分析的态度,针对不同情况予以区别对待,对于有进步倾向的学生积极引导,用春风化雨的方式使他们的思想接受沐浴;对于少数站在剥削阶级立场上的学生,也尽量说服教育,采取更为和风细雨的手段,用良好的环境去感化他们。

在这些原则下,一大批知识分子自觉地改造了自己的思想,有的还主动帮助家人转变思想。高校根据实事求是的思想路线,研究新情况,解决新问题,重新确立了新时期的高校德育原则,离开了实事求是思想路线的指导,是无法确立行之有效的德育原则的。

三、遵循学生身心发展规律是确立与实施德育原则的主要依据

青年学生一方面在生理上处于青春期,心理意识上趋于成熟;另一方面,他们又是未来建设社会主义的栋梁,有着丰富的科学文化知识,能够根据自己的思维做出理性的判断。人的道德素质的发展是分阶段的,在不同的阶段,所采取的方法、所依据的原则都应有所不同。因此,高校德育原则的确立必须实事求是地以青年学生身心发展的实际水平

为依据。

青年在青春期情绪容易变化,敢于抒发自己的情感。青年学生是最热血的,在他们认为值得去献身的时候,他们总是义无反顾。青年学生具有明确的自我意识,主体意识开始增强。在过去很长的一段时间里,高校德育原则忽视了青年学生的主体性。改革开放后,青年学生的主体性在全新的德育原则的指导下得到了恢复,但是由于缺乏必要的约束和引导,资产阶级自由化思潮也一度在青年学生中泛滥开来。

因此,在原则上,一方面必须发扬青年的主体性,另一方面对青年学生的主体意识要加以正确引导。此外,青年学生兴趣爱好广泛,参与意识和社会责任感正在逐步增强,这些特点有利于德育工作者对青年学生进行针对性的德育工作。如许多高校针对学生不同的爱好,设立各种协会和社团,这些协会和社团组织本身就是有效的德育团体,在促发青年学生兴趣爱好的同时,也使他们在协会和社团的各项主题活动中受到了教育。

研究和遵循青年学生的身心发展规律,对改进德育工作、保持德育原则的正确性都是十分重要的。如果德育原则的贯彻实施脱离了青年学生的实际特征,就会降低德育工作的有效性。因此,在高校德育中,充分研究青年学生身心发展的特征是正确有效实施德育原则的重要依据。

四、加强高校德育研究是创立和实施德育原则的理论前提

高校德育原则是高校德育规律的主观反映,因此,一定的高校德育原则与对高校德育规律的认识是分不开的。什么时候对高校德育规律有正确的认识,什么时候高校德育原则就容易得到贯彻实施。对高校德育规律的正确认识必须建立在对高校德育的科学研究上,高校德育研究一方面注重德育过程规律研究,确立系统化的德育工作理论体系;另一方面也注重大学生身心发展规律和思想品德形成规律的研究。在加强德育研究的基础上,德育原则的确立才有科学的基础。

蔡元培在担任北大校长期间,很重视对德育科学的研究工作。他自己主编了《中国伦理学史》,并翻译了德国包尔生的《伦理学原理》,对高校德育规律的学术研究起到了推动作用。此外,他还积极支持北大的教师从事德育的研究工作,在他的邀请和推动下,胡适、陈独秀、李大钊等

人都从不同角度对德育问题进行过研究。改革开放之后,高校德育理论研究取得了长足的进步,对高校德育规律的研究进一步系统化、规范化。

五、学校、社会、家庭齐抓共管为实施高校德育原则创造了良好条件

高校德育工作的对象是具有社会性的学生,学生不仅在学校中生活,对他们思想道德行为的影响必然应向家庭和社会延伸。学生在学校中是学生,在家庭中是子女,在社会上是社会的普通一员,在不同的领域,具体的道德要求有一定的差别,但总体上看,一个人在家庭里、在社会上和在学校中的总体要求和目标是一致的。如在家庭里尊敬父母和长辈,在社会上就会尊敬老人,在学校中就会尊敬师长。因此,高校德育的范围并不单纯局限在高等院校中,其效果必然向全社会延伸和拓展,这就需要全社会的关心与支持,对学生实施共同的德育原则进行全方位的教育,在各种场所都能接受正确的思想道德的沐浴和熏陶。

高校都很注重家庭、社会和学校相结合来开展德育工作,如经常组织学生参加社会实践,在下工厂和农村劳动时,工人和农民师傅也主动地关心青年学生的思想教育工作,不仅在劳动技能上对大学生进行指导,而且经常给他们讲现在生活的来之不易,让学生体会到成长在新中国的幸福。在家庭中,绝大多数父母关心子女的成长,尤其关心他们道德素质的培养,积极教育他们为建设社会主义服务。同时,家庭、学校、社会共同抓青年学生的德育工作,为高校德育原则的实施创造了良好的外部条件。由于全社会对德育的共同关心,得到青年学生的广泛理解和支持,他们主动接受高校德育的各项原则,并积极配合其实施,因而取得了较好的效果。

第三章

高校德育工作的理念、载体与机制

高校德育工作在我国发展时间悠久,已经形成了相对完整的理念、载体与机制,对高校德育工作展开深入研究与分析,就有必要对其理念、载体、机制有所熟知与了解。本章就针对这方面内容展开分析。

第一节　高校德育工作的理念

"理念"即观念,"通常指思想,有时亦指表象或客观事物在人脑里留下的概括的形象"。实际上,"理念"一词源于西方哲学,它在西方哲学史上是一个重要的范畴。"理念"不是一般的概念,也不是一般的范畴,是抽象程度至高而又有着规定性的根本观念。

高校德育理念是先于行动的核心理念和哲学前提,它关乎德育实践的成败。观念指导行动,我们研究高校德育创新问题,如果不解决思维深处的思想观念问题,就很难把握正确的方向,德育效果将受到很大影响。坚持与时俱进,创新高校德育,首先要在德育理念上坚持创新。

一、高校德育的目的和德育主体间的新理念

大学的本质要求它自身不能只是作为职业训练场所而存在,还应该在培养具有较高道德水平的人方面担当重任。大学应该把知识传授与人才培养紧密结合起来,在教育教学活动中努力培养学生的道德人格。

（一）高校德育目的新理念

教育是为人的,而非人为教育的。联合国教科文组织的报告《教育——财富蕴藏其中》指出:"教育的任务是毫无例外地使所有人的创造才能和创造潜力都能结出丰富的果实……这一目标比其他所有目标都重要。"但是,回顾我们过去的教育,往往是把受教育者当作物对待,施行非人的"教育",表现在不尊重学生的人格、尊严、权利,实施非人的规训与约束,把人作为工具打造,作为接受知识的容器等方面。[1]同样,德育的对象是人,德育的目的是使人成为人,使人过有意义的生活。那么,究竟什么是我们理解的"人"? 也就是什么是人的本性? 高校德育应该确立什么样的新理念?

1.科学地看待人的本性

人性问题的探讨一直是个热门的话题。撇开古今中外思想家们关于人性问题探讨的历程不谈,站在人类今天的思维高度看,人性问题即人的本性问题,亦即人区别于其他事物的质的规定性问题,我们可以从三个层面把握。

第一,带有社会文化色彩的人的自然属性。自然属性是全部人性存在和发展的物质前提,亦即人的生物性。它是指人首先是由人类基因组、人体和人脑构成的生物意义上的人。马克思把人的"吃、喝、性行为"称为人的"动物机能",承认人首先是一种自然性的存在。人具有与动物共同的食欲、性欲和保存自己的本能,但实现这些本能的方式却加入了社会和文化因素。

第二,人的社会属性。人的社会属性是指人在生活实践中从他们所

---

① 班华.德育理念与德育改革:新世纪德育人性化走向[J].南京师大学报（社会科学版）,2002（4）:56.

依存的社会关系和社会环境中获得的特性,包括人的社会角色及其一切交往关系的行为实践,以及按一定的文化背景、价值观念、道德规范等处理人的生物学本能的一系列规则。

第三,人的精神属性。严格地说,它是社会属性的一部分。由于人类具有精神生活,人类是宇宙中唯一具有思维能力的动物,人类建立了精神文明等,因此,人性突出表现为人的精神的丰富性。而且,具有自我意识是人类区别于他物、提升自我的人性的主要规定,所以也可以把人的精神属性当作人性的一个层面。

人性是存在弱点的,人性是有待完善的。强调这一点,其意义在于为人性的产生和发展找到了其进化的源头,而不致把人类说成是某种可以脱离自然而存在的超自然的东西,或说成是上帝或神的创造物。"人一半是天使,一半是魔鬼"等的说法,都是对人性两面性、多重性的深刻揭示。

人性的弱点是指人性中对于人自身而言具有否定性质的方面,是人的精神状态中落后的、消极的东西,是人性的不成熟、不完善的表现,也就是人的"本我"状态。鲁迅先生曾对中国人的"国民的劣根性"进行过深刻、尖锐的抨击和揭露。

美国社会学家米尔思曾撰写过一本名为《社会学的想象力》的书,分析第二次世界大战后人的心态,发现战后公众感到无力、无助,个人很渺小,灾难令人觉得力量微弱,无法与社会及自然界抗争,表现得十分无奈。在无助的心态下,求助外力的念头顿生,使封建迷信有了新的发展空间。

(二)"以人为本"的德育新理念

高校应树立科学的发展观,坚持以人为本,大力实施"人才强校"战略,牢固树立人才资源是第一资源、人才优势是最大优势的观点。高校德育工作者,理应从人的本质出发,构建全新的高校德育工作理念与方略,把如何做人处事的基本道理内化到大学生的思想中,全面提高他们的素质,发挥高校德育在大学生的人的本质的生成和发展中的导向作用,充分体现高校德育在各项工作中的生命线的作用。树立以人为本的德育新理念之根本目的,在于推进人的全面发展。当然,这一德育新理念,对人的全面发展也提出了新的更高的要求。

（三）高校德育主体间的新理念

在道德教育中必须充分发挥教育者和受教育者的主体性,从而达到培育和造就受教育者的道德主体性的普遍要求。它包括这样三个方面的相互关联的实质性要求:一是发挥教育者的主体性;二是尊重并发挥受教育者的主体性;三是始终把培养受教育者的道德主体性作为道德教育的核心任务。

主体间或主体性不是先天的自然存在,而是不同主体后天交往的结果,是不同主体在相互交往过程中共同建构起来的。"我—你"的交往关系是主体间性关系,是交互主体性、主体间性,是教育中主体之间交互关系的整体。我与你共同参与,双向影响,共同成长,并不意味着教育者与受教育者没有区别,或者说,教育者没有什么作用。教育者具有的权力和教育的职能,是社会赋予的,教育者除了作为受教育者的朋友、伙伴、合作者以外,他还具有组织教育活动的责任,具有价值引导的作用。但"教师和学生要建立一种新的关系,从'独奏者'的角色过渡到'伴奏者'的角色",是"帮助""引导""指引"学生,"而非塑造他们"。①

二、高校德育目标、内容和评价的理念创新

我国高校德育目标的政治化、理想化,缺乏层次性与基础性,偏重宏大叙事性目标,冷落具体微观性目标,不考虑学生实际思想水平,高校德育目标"高高在上",导致德育变成空洞、纯观念形式的说教。把学生培养成"高尚的人""人民利益高于一切的人"固然重要,但德育也不能忽视对人自身的关注。

（一）高校德育目标的理念创新

目标是目的的具体化和规范化。德育目标在整个德育实施过程中起着重要的作用,它既体现德育的目的性,又规定德育的内容与方法,是德育工作的出发点和归宿。德育目标是一定社会现实背景下的德育价值理想的凝结状态。德育目标的调整势在必行。

---

① 联合国教科文组织.教育——财富蕴藏其中 [M].北京:科学出版社,1996:136—137.

1."树魂立根"的新理念

我国改革开放和社会主义现代化建设事业需要培养和造就一代有理想、有道德、有文化、有纪律的社会主义新人。大学生的健康成长,最根本的是要树立正确的世界观、人生观和价值观,核心就是要有远大的理想和坚定的信念。

"树魂"就是树理想信念之魂,突出热爱中国共产党、热爱社会主义这个"魂",牢牢把握知识为谁所用、为谁服务的方向。

大学生是十分宝贵的人才资源,是民族的希望,是祖国的未来,让他们正确认识社会发展规律,认识国家的前途命运,认识自己的社会责任,有助于他们为实现中华民族伟大复兴的共同理想和信念不断追求更高的目标。

"立根"就是立民族精神之根。爱国主义是中华民族精神的核心,它体现在:

第一,爱国主义是中华民族发展的共同政治基础。爱国主义的思想像一根红线,贯穿着中华民族几千年的文明历史。爱国主义成为中国各族人民共同生活的规范,是中国各族人民团结奋斗的共同政治基础和精神支柱。

第二,爱国主义是维系民族团结的纽带。

第三,爱国主义是中华儿女奋发图强的力量源泉。因此,以爱国主义为核心的团结统一、爱好和平、勤劳勇敢、自强不息的伟大民族精神是支撑中华民族历经艰辛而不衰、饱经磨难而更坚强的强大精神力量。离开爱国主义这个"根",任何精神都不能凝聚全民族的思想。

2.去"知性取向",重视"德性与德心"的新人塑造

德性是人之所以异于禽兽的关键所在。敬他人,讲廉耻,秉礼让,使我们把对同类的殷殷关切上升到自由自觉的境界。德性,即为道德品质,就是一定时期社会道德原则和规范在个人思想和行为中的体现,是一个人在一系列的道德行为中表现出来的比较稳定的特征和倾向。德性与规范不同,它不是外在于人的要求,而是一种根植内心的情感意志,是人的内在修养与品格。虽然迄今为止不能对德性做出一个严格的界定,但是我们可以大致勾画出它的轮廓:高尚的情操,顽强的斗志,宏大的理想,对崇高的向往,对真善美的孜孜追求,强烈的正义感、荣辱

感和社会责任感，为人正直不阿，待人真诚热情，对民族和人民的无限热爱与忠诚，以天下为己任的胸怀，富贵不能淫、贫贱不能移、威武不能屈的浩然正气，良好的心理素质与冷静的理性自制力，永不松懈的进取心……人的德性最终也是要服务于社会秩序的和谐的，但是最初促使其形成的动力、目的，却不一定是服务于社会秩序的和谐。它最初的动力、目的，它的直接作用，是完善人格，完善人的精神世界，做一个高尚的、有道德的人。

德性是人的一种内在的动力，能促成人的真善美的动机的形成与行为的实施。它具有崇高神圣的品格，能够承载人生的重大选择与挫折，能够与远大的社会政治理想相契合，二者具有某种内在的同一性，因而能成为崇高信念生根发芽、开花结果的土壤，能滋养正确的人生观、价值观、世界观。今天，我们将道德关怀推广到人、社会与自然界，正是为了建立一个真正富有人性的世界。就个体道德心理构成而言，它包括道德认知、道德情感、道德意志三个方面。对未来人才的素质要求，在道德与心理品质方面，不仅要有我们今天所倡导的一般道德品质，而且要有科学道德、生态道德、经济道德、网络道德等方面的素质，在心理和道德上更重责任感、义务感，更具诚信、公平、创新意识等。

"德性与德心"的新人塑造，就是培育学生的"德性与德心"，即德育。道德教育的根本目的在于培养人的良好品性、性格，在于从人的内在价值层面塑造其优良的德性意识，内化为其固有的道德素质。我国当代的道德实践也证明，仅有社会道德规范的创设、社会秩序的整合，而无人的道德素质和美德境界的提高是无济于事的。道德是人的道德，道德建设的最终目标也只能是人格的完善，建立规则，形成秩序，最终还是为了人的个性得到自由全面的发展。

（二）高校德育内容的理念创新

强调诚实守信是为人之德的基础核心。高校德育目的中的新理念要突出以人为本，贯彻"以德治国"的思路，贴近学生思想实际。它包括：诚实守信的为人之德，以责任心为核心的为事之德，以"五爱"为主要内容的为民之德，热爱生命、追求卓越的立身之德。

以"诚实守信"为核心的"为人之德"，这是每个人一辈子都应坚守的基本道德规范，它也是高校德育内容创新的新理念。"诚""信"都是古老的伦理道德规范。诚信，指诚实不欺，遵守诺言。市场经济的发展内在需要经济上的诚信、法律上的诚信和道德上的诚信。

诚实守信是指真实无欺、遵守承诺和契约的品德及行为。诚实守信是市场经济的法则,市场主体如果总是采取自利的方式和手段追求自己利益的最大化,而不去考虑对方的利益实现,那么他自己追求的利益也就难于经常实现,他自利的目的也并不总能达到。诚实守信是为人之德的基础核心,它要求人们要做老实人、说老实话、办老实事,用诚实劳动获得利益和报酬,讲信用,重信誉,信守诺言,以信立业,反对弄虚作假,坑蒙欺诈,假冒伪劣。诚实是对他人人格的信任,是平等待人、人与人之间建立信任的基础。

三、高校德育途径和方法的理念创新

经验证明,要达成道德教育的目标,不仅存在选择正确的教育手段和方法的问题,而且还存在选择怎样的教育模式和途径以实施教育的问题。学生是人,不是物;学生是精神主体,是道德的主体,是有思想感情的人,不是装知识的容器,也不是装"美德"的口袋。有效的高校德育的实施方式是生动活泼的:它不是物化的、模式化的,而是人格化、多样化的德育;它不是物的标准件生产,也不是居高临下的灌输;它是育人、育心、育德的文化心理过程。为此,在高校德育途径和方法上也要创新。

（一）高校德育途径的理念创新

虽说德育途径通常由社会、家庭和学校三部分组成,但是其中学校为主要方面。学校的途径:

（1）直接德育途径——开设专门的德育课,这是德育的主渠道之一,通过德育课向学生传授道德规则,形成相应的道德认识。

（2）间接德育途径——通过其他各科教学、社会实践、课外活动等进行。

（3）潜在的德育途径——主要是指那些时时处处对学生产生潜移默化影响的无形的途径。

1. 处理好客观世界、社会世界和主观世界的关系,回归生活世界

哈贝马斯强调,人的交往行为的合理性包括处理好三个层面的关系:一是认识主体与事件或事实世界的关系,即主体与客观世界的关

系；二是实践主体与处于互动关系中的其他主体的关系，即主体与社会世界的关系；三是成熟的主体与其自身的内在本质、与其自身的主体性和他人的主体性的关系，即主体与主观世界之间的关系。

既然如此，德育要呈现道德客观世界的真实面貌。也就是说，我们的德育要给学生呈现一个真实的社会道德全貌即真实的道德客观世界，而不是让他们只生活在美好的童话世界里。因为学生会觉得生活很真实，他们适应社会生活的能力会更强，否则他们将是新一代的"堂吉诃德"，处处碰壁。

2. 从以直接道德教学为主体，转变为以间接道德教育为主体

学校德育目的的实现，与其寄希望于一周几课时的德育课，不如寄希望于更加经常性的、范围更加广泛的、更具活力的学校集体生活以及学科教学——间接道德教育的途径之一。所谓"间接道德教育"，主要指在学科教学和学校集体生活的各个层面对学生进行道德渗透。道德学习不同于知识学习和技能学习。

我们在课堂教学中所采用的方法，以及学校中每一项工作，学校生活中发生的每一件小事，都充满了道德教育的可能性，正可谓"校园无小事，事事育人"。又如，生活即教育，集体生活必将成为青少年的道德主体意识通向理想境界的渡船。只有在集体生活实践当中，学生才能学会处理与别人的关系，才能体验到同伴的温暖，并学会爱护和帮助别人。集体教育的作用并不是要抹杀或淡化学习过程的个体活动特征，而恰恰是通过有意识地正确利用集体生活对个体的影响作用，增加学生个体与集体的信息交流，使个体的学习活动更加细致和丰富。

3. 加强道德实践

道德实践是加强德育的重要途径。道德实践是道德形成、发展的基本前提，也是构建社会主义思想道德体系的内在要求。大学生道德理想的树立和道德信念的巩固，离不开丰富多彩的道德实践。道德实践是吸引大学生参与道德建设的有效载体。作为道德建设的主体，大学生既是道德建设的实践者，也是道德建设的受益者。道德实践是提升大学生公民道德境界的重要保证。道德实践属于养成教育，是知行统一的过程，能有效克服当前道德建设过程中存在的理论与实践相背离、知与行相脱节的现象，根本途径和方法也在于引导大学生积极投身道德实践，如

参与义务献血、志愿者行动等社会实践活动,在实践中不断强化道德修养,提升道德境界。

实践证明,有意义的具体的道德活动就是教育。大学生在社会实践中,通过不断加强自身的道德修养,提高道德认识,陶冶道德情感,锻炼道德意志,确立道德信念,养成道德习惯,从而实现道德境界的升华,最终形成一种道德人格力量,达到一种高层次的道德境界,真正做到"慎独",真正使自己成为有理想、有道德、有文化、有纪律的社会主义公民。

(二)高校德育方法的理念创新

事实证明,学生如果失去学习的主动性、积极性,他的智力就不可能得到充分的发展;智力得不到发展,则所掌握的知识便是死的知识。

高校德育方法的新理念与培养自主人格、独立思维能力、批判性意识联系在一起,是以促进自律、发展理解能力、增强批判意识、尊重真理、热爱知识为特征的。在这种思想的指导下,我们在道德教育方法的运用上就既不会是灌输或注入,也不会是塑造或培养,而是启发和构建,如柯尔伯格的"道德两难故事法"和"道德小组讨论法"都是很好的方法。又如,以说服教育为例,不仅要向学生说明道理,使其遵守,更为重要的是向学生提供广泛的信息,让其自觉地进行选择。把教师的疏导和学生的自觉选择有机结合起来,才能把教育者的要求内化为学生的需要,才能真正达到教育目的。

1. 突出"社会学习"的理念

观察学习在品德教育中具有重要的作用,人的许多道德行为都是通过观察学习而获得的。这一理论实际上是通过主体与环境的互动发生信息交换,导致主体的规则系统发生变化。这里的环境主要是通过提供的榜样而存在的,榜样是经过"雕刻"过的富含德性信息的对象性存在,是要与主体发生作用的对象。主体获得的榜样替代的关键是规则,主体从中一旦获得类似的经验(规则),就可以用以指导自己的行为,通过反复的行动,使得规则稳固化,以备进一步行动需要。值得一提的是,该理论特别强调动机激发以及动机对维持某特定行为的作用,这充分反映了主体自身的能动性。主体在与榜样发生作用时并非消极地按照榜样行动,主体可以有自己的判断和选择,是规则积极的发现者和制造者。而且,规则在主体内部运作过程中,主体仍可以参照榜样的行为表现,考察规则在其中的意义,这样也有利于规则的形成和发展。

3.媒体的渲染和第四媒体的运用

中央电视台的许多栏目,如《东方时空》《焦点访谈》《面对面》《对话》《实话实说》等,为我们国家发挥了很重要的宣传舆论引导方面的功效。这也是我们大学生愿意接受,而且还愿意加入媒体行列中去尽自己努力为社会服务的形式之一。

第二节 高校德育工作的载体

通常人们把"某些能够传递能量或运载物质,能够承载知识或信息的物质形体"称之为载体。高校德育载体就是指那些能够承载高校德育活动进行从而实现德育目标的事物,这里所指的事物既可以是有形物质的,也可以是无形物质的。德育实践表明,载体对于德育目标的实现意义重大,选择不同的载体作为组织德育活动的"中介",会收到截然不同的德育效果。因此,与时俱进,努力创新学生乐于接受且行之有效的德育载体就显得十分重要。

一、高校内部德育载体创新

相对于社会而言,高校作为教育组织,其本身就是一个德育载体,对学生进行道德社会化是高校承担的一大重要任务。那么在高校中哪些是德育载体呢? 对于这个问题我们可以从广义和狭义两个角度来理解。从广义上讲,高校内部的任何物质和精神文化产物都可以被视为德育载体,学校内的一草一木、一幢建筑、一座雕塑,以及教师的言行、管理者的工作作风、校园的环境氛围等都对学生具有德育意义。

从狭义上讲,由于高校还承担其他专业知识社会化的任务,因此,在具体载体的主要功能上还是有主次之分的,我们将那些主要承担道德社会化的载体理解为德育载体,如"两课""党课"等。依据不同的分类方法,我们可以将高校内部德育载体划分为自然德育载体和人工德育载体;物质德育载体和精神德育载体;显性德育载体和隐性德育载体;第一课堂德育载体和第二课堂德育载体等。依据人们的习惯,我们选取第一课堂德育载体和第二课堂德育载体的分类法。

（一）第一课堂德育载体及其创新

1. 第一课堂德育载体

第一课堂德育载体是指教育者为了实现其德育目标,有组织、有计划地在学校教学中以明确的、直接的、外显的方式,通过受教育者有意识的、特定的心理反应,从而获得道德认知方面教育的那些课程或内容。第一课堂德育载体主要由直接德育课程和间接德育课程组成。

课程是教育的下位概念,其原义有"跑道"之义,即规范运动的路线。课程就是规范教育的内容,没有教育就不存在课程,因此,德育课程就是以课程的形式规范和传播德育内容。所谓直接德育课程,是指教育者为实现德育目标,有组织、有计划地在课程设置中以各种方式通过受教育者的意识和心理反应,使受教育者获得整体道德经验的课程。尽管当代社会传播媒介的急速发展使学生获取信息的渠道变得异常多样且复杂,但是直接德育课程仍然是学生道德社会化的最基本、最规范的资源,正如美国社会学家 R. 赫斯指出的那样,学校的（德育）课程在向学生传播对政治制度的作用的看法和态度并使学生相信它的作用方面,显然起着主要作用。

因此,直接德育课程仍然是高校实施德育的主要载体,它概括和浓缩了特定社会所积累的道德规范、价值以及行为模式。间接德育课程是指教育者为了实现德育目标,有组织、有计划地在教学计划内以不明确的、间接的、内隐的方式,通过受教育者无意识的非特定心理反应,使受教育者获得道德方面经验的那些课程,如历史、地理、语文等。间接德育课程对德育的重大作用一方面是间接德育课程本身的特点所决定的,因为直接的德育课程在传递社会意识形态方面的痕迹是最明显的,而意识形态总是带有一定的强制性和权威性,这往往会引起学生的不愉快而形成情绪逆反,而间接德育课程则能使学生在无意识中接受教育,绕开学生的"意义障碍"进入学生的心田。

虽然直接德育课程与间接德育课程两者在德育内容的安排上存在

着很大的不同,是属于两个不同性质的课程,但是在德育的实践中,它们两者又是相互渗透、相互补充、相互影响的。

2. 第一课堂德育载体创新

我们所理解的第一课堂德育载体主要是指"直接德育课程和间接德育课程"。很显然,在课程的形式上,与传统相比,第一课堂德育载体并没有发生很大的变化,就像交通工具一样,原来是汽车、火车和飞机,今天仍然是。但是仔细分析,虽然在形式上还是"汽车、火车和飞机",其实本身已经面临着许多的创新压力。这种压力来自社会形势的发展和人类自身发展的需要,如今天的汽车需要革新其燃料以满足环境的可持续发展,必须革新其制动系统以满足人们的安全需要。第一课堂德育载体也是如此,随着国际国内社会形势的不断变化,随着社会和人类本身对于"德"的含义理解的不断深化,对第一课堂德育载体也就自然产生一个创新问题。综合分析,为做好第一课堂德育载体的创新,目前我们可以从以下几个方面开展工作。

(1)与时俱进,编写新教材,及时传递切合时代要求的新内容。

德育课程的内容选择决定于诸多社会因素,如政治、经济、文化、科技等,经济是决定因素,但政治、文化、科技对德育课程内容具有更为直接的影响。为适应社会形势发展的需要,今天,在高校德育课程中及时加强教材建设,增强德育教材的时代感,从而增强其吸引力、感染力和可读性。

在德育中应坚持人的全面协调发展,克服"道德人""经济人""工具人"的局限,真正按照人的属性实现人的物质与精神、科技与人文、政治与道德、生理与心理、知识与能力等方面的全面发展,真正成为"完整人"。

(2)创新德育课程的教学方式。

在教学方式上,首先,要充分利用技术发展带来的新成果,制作多媒体课件,开展形象生动的多媒体教学。这样既有利于单位课时的有效利用,扩大信息容量,而且也增强了教学的感染力,有利于提高教学效果。其次,可以开展案例教学,针对社会上出现的典型案例,如黑客攻击事件、防控"新型冠状病毒"时期大学生网上造谣等案例适时开展案例教育,以增强德育课程的时代感和针对性。再次,开展互动式教学,在课堂上经常开展讨论,调动学生学习的积极性和主动性,避免一味地"我讲你听"的"灌输式""填鸭式"教学方法,以期收到较好的效果。

（3）创新德育课程的教学评价制度。

在"两课"的教学评价上,我们应该采取有别于其他一般知识传播课程评价的方法,既要考察学生的基础理论知识,同时更要考核他们的政治思想和道德行为,二者不可偏废。在此我们以"思想品德修养"课程为例,这是一门有别于一般知识传授的道德养成课,教学评价上要兼顾理论知识和道德行为养成两个方面,不仅要考察学生的道德理论知识掌握程度,而且更重要的是要进行道德行为养成的考核。因此在教学评价上不妨来个"五五开,外加一票否决",即在计算学生该门课的最终成绩时,平时成绩占50%,期终考试成绩占50%,如果该学生在本学期有违反学校纪律而受到行政处分的,则定为不及格,因为道德的基本要素就是纪律精神。

（4）直接德育课程与间接德育课程的融合。

从当代世界各国德育情况来看,直接德育与间接德育已走向融合,各国不仅有正规德育课程而且重视间接德育课程。如英国的德育课程主要有三种:一是宗教课程;二是隐含在历史、语文、地理等社会科学中的德育内容,还通过体育和"特种活动"进行德育;三是正规的道德教育课程。注重直接德育课程与间接德育课程的融合,寓教于乐、寓教于学,将会收到较好的德育效果。

（二）第二课堂德育载体及其创新

1. 第二课堂德育载体

（1）校园文化。所谓"无声润物三春雨,有心护花二月风",生活、学习在高校中的每一个学生都会受到校园文化潜移默化的影响,会被校园文化的氛围所感染,并自然而然地接受其影响,形成一种与校园文化合拍的道德风尚、行为习惯和人格特征。

（2）学生社团。学生社团是指在大学生中由具有共同爱好和志趣的学生自愿组成的、有正式名称的、并为学校批准认可的学生非正式群体。目前,高校中的学生社团类型繁多、数量庞大,其类型大致可以分为科技型、学术型、娱乐型、服务型、文化型、政治型等,但无论其属于何种类型,都具有独特的道德社会化功能。

（3）社会实践活动。社会实践活动是一项由中宣部、教育部和团中央联合主办的活动,其主要目的是让学生把在课堂上学到的理论知识与劳动人民的生产实践结合起来,在社会实践活动中"受教育、长才干、做贡献"。大学生社会实践活动作为高校德育载体的重要组成部分,是青年学生全面发展、健康成长的正确道路。社会实践活动的内容十分丰富,它涉及挂职锻炼、科技扶贫、社会调查、文化科技卫生三下乡、青年志愿者活动以及其他类似的社会公益活动等,并已成为整个高等德育体系中不可缺少的重要组成部分。

（4）党团活动。党团活动是高校学生德育工作的传统载体和阵地,在高校德育工作中发挥着重要且无可替代的作用。党团活动由党支部活动、党校活动、政校活动和团支部活动等内容组成,是一条连接党团组织与学生的重要桥梁。通过开展系列教育活动和主题党日活动,党支部积极吸引优秀学生向党组织靠拢;通过实施党校培训计划,加强对学生骨干和入党积极分子的教育和培养,不断扩大学生骨干队伍;通过团内教育活动,如青年志愿者活动、社会实践活动、校园文化活动、希望工程等,培养大学生的高尚品质和社会责任感,应该说党团活动已经成为高校最重要的德育载体之一。

（5）学生公寓文化活动。学生公寓是一个教育概念。学生公寓作为大学生新的生活社区,在空间上,有的分布在校园内部,有的分布在校园外部,使得高校的德育工作面临着新的挑战和机遇。

学生公寓文化活动是指高校依托学生公寓这个特殊的空间而开展的系列学生活动,是校园文化活动向新的学生生活社区的延伸。对于公寓的学生而言,学生公寓文化活动具有教育导向功能、陶冶塑造功能、凝聚激励功能和约束规范功能等。高校学生公寓是学生学习、生活、交往的重要空间,与之相适应,学生公寓文化活动也日益引起人们的高度重视,并成为一个不容忽视的新的高校德育载体。

2. 第二课堂德育载体创新

第二课堂德育载体所包含的内容是多方面的,有校园文化、党团活动、学生公寓文化、学生社团和社会实践活动等。与时代发展相适应,它们各自都面临着创新和发展的问题,限于篇幅,在此我们选取"学生公寓、学生社团和社会实践活动"三个第二课堂德育载体作重点分析。

（1）创新学生公寓德育载体。如果从德育视角审视目前的高校学生公寓,其作为德育载体所暴露的问题是显而易见的。首先,由于"学生公寓"是社会参与办高校的"第一块"阵地,公寓的开发主体是社会资本,利润是它们所要追逐的主要目标。为了获得利润的最大化,一些开发商在学生公寓建立种种商业设施,使得学生公寓内外各类商店琳琅满目,商业气氛过度浓重,形成了与学校教育不和谐的"过度商业化"环境。其次,由于我国建设的学生公寓多属于"学生公寓园",学生公寓的建筑面积相对较大,入住学生相对集中且数量较为庞大,少则数百人,多则上万人。公寓园的学生结构较复杂,同一幢楼、同一楼层居住着不同院系、不同专业及不同生源性质的学生,平时又缺乏交流和沟通,在这样一个人数众多且集中的环境下极易产生"集体行为",因此,"骚动、传闻和社会动荡不安"在学生公寓是极易发生的。

（2）创新学生社团德育载体。由于学生社团特有的组织形式和特殊的构成群体,使它有着强大的道德社会化功能。从组织形式来看,学生社团的非正式性使得身处其中的成员在地位上更加平等,交流变得容易,成员的自主性因此得到提高,有利于自主性道德发展;从社团的组成人员来看,除去指导教师,都是 20 岁左右的大学生,这些大学生不仅在年龄上相仿,而且生活阅历、社会经历也大致相同,社会学理论将此类群体称为"同辈群体",指的是有大致相当的社会地位,并且通常年龄相仿的一群人。由于同辈群体能帮助青少年在社会中找到自己的平等位置,因此它对青少年有着特别的影响,是最有影响的社会化主体之一。

高校应把引导和扶持优秀学生社团开展活动视为德育工作的有机组成部分。事实上,学生社团活动是高校德育"隐蔽课程"的重要组成部分。隐蔽课程这一概念首次出现在美国课程论专家杰克逊的《班级生活》一书中。虽然学术界关于隐蔽课程内涵的争论颇多,但是有一点是一致的,即隐蔽课程对学生的影响的确存在,并且越来越受到教育者的重视。以往的高校德育实践表明,学生社团活动在培养大学生的道德素质方面起到了第一课堂无法替代的作用。

一些活跃在高校校园内的学生社团,如"世界文化遗产保护和宣传协会""洁清环境保护和宣传协会""红十字学生分会"等,他们通过社团活动,传播和宣传着社会公德、人间美德,并通过自身的道德践行,洗涤着自己的心灵,感染着周边的人们。再如,在提高学生的理论素质方面,政治理论型学生社团发挥了重要作用。从近十年高校政治理论型社团的发展来看,一条主线还是十分明显的。

从 20 世纪 90 年代初引导并支持学生成立"马列学习小组"开展活动，到 20 世纪 90 年代末高校纷纷成立"邓小平理论研习会"，开辟政治理论学习的新途径，在团结和引导青年学习政治理论、追求政治进步、坚定政治方向方面起到了积极的推动作用，培养了一批青年马克思主义者。高校德育工作者应与时俱进，根据社会发展和时代需要适时引导社团发展，积极指导社团开展活动，就会产生较好的德育效果。

①科学指导，力促社团发展。学生社团与班级、团支部等其他正式组织相比，一个主要不同的方面就是学生社团是一种"自定规范、自我约束"的非正式组织，学校对社团的管理只是宏观上的，社团组织在运作方面具有极大的自主性和灵活性。

从目前高校学生社团的管理制度来看，学校主要负责登记、指导和审验。登记，即由学校主管社团机构对社团的名称、章程、活动内容和宗旨进行记录和审核，登记发生在社团成立之初；指导，即指导社团开展活动，由学校配备给学生社团的党员指导教师负责；审验，即学校登记部门对学生社团进行重新登记审核，一般每年进行一次。从学校对学生社团的管理来看，只有"指导"这个环节具有比较实质性的内容，其他不过是进行一个例行手续而已。那么如何做好"指导"呢？我们认为有两条原则可以作为参考，即"指导"不"领导"、"放手"不"放任"。

"指导"不"领导"，就是要求指导教师积极参与学生社团的指导工作，为他们出谋划策，献计献策，参与设计多种活动方案，但是最终的决策还是由学生社团负责人来定。"指导"的过程就是学校参与学生社团活动的过程。此间，一方面，学校的主导思想在无意识的议事中得以贯彻，把握住了社团的前进方向。另一方面，作为学生来讲，他们不仅平等地参与了社团活动方案的产生过程，而且还最终主导了活动方案的选择。在这一过程中学生获得的不仅是一种对于决策问题的感性认识，更重要的是他们获得了对组织、对社会负责的理性把握。

"放手"不"放任"。如果说"指导"不"领导"原则主要规范的是指导教师在学生社团中的角色，那么"放手"不"放任"原则主要规范的是指导教师在学生社团活动中的态度问题。对于指导教师而言，"放手"是在某些活动环节上的放手，有关大是大非的问题还是要积极过问。"放手"的目的是为了让学生能得到更多的能力锻炼，"放手"并不等于"放任"不管，不等于不闻不问，任其自生自灭，如果是这样的话，那么社团也是一把双刃剑，它能培养学生好的素质，也能教会学生不好的东西。

因此社团指导教师应切实担负起指导的责任，及时了解社团活动情况，参与社团建设，确保学生社团沿着正确的方向发展。

②积极引导，大力扶持品牌社团。类型繁多、数量庞大应是国内高校学生社团的两大特点。从类型上讲，高校学生社团有科技型、学术型、娱乐型、服务型、公益型、文化型、政治理论型等，应有尽有；从数量上讲，每个学校登记在册的社团都有数十甚至数百个之多。众多的社团类型、庞大的社团数量从另一方面给学校管理者提出了问题，那就是如何保证社团活动的质量？如何发挥社团全面贯彻学校德育目标的要求？全面扶持显然是不现实的方法，也难以收到良好的效果，因此"多中选优、优中选精"，有计划地选择一些优秀社团，集中精力和财力积极扶持一些主流社团，并把它们打造成学校的品牌社团不失为上策。学校优先保证品牌社团的活动，优先保证优秀指导教师配备，优先保证办公设施配备，优先保证资金资助，优先保证提供网页等。如果一所万人规模的高校能够打造十个左右具有一定规模、一定影响的品牌社团，能吸收数千名学生加入社团活动，那么这将是一支不可或缺的德育力量。

③高度重视，强化对社团干部的培养。社团开展活动的质量如何，以社团为载体的德育目标的实现程度如何，关键在于社团干部，干部的思想素质和管理水平影响着社团活动的方向和质量。因此，转变对社团干部轻视的状态，重视社团干部培养就显得尤其重要和有意义。目前在高校中存在着轻视社团干部的思想是一个不争的事实，社团干部几乎处于无人管的状态，社团组织的非正式性决定了社团干部的"非正式性"。在人们的观念中，社团干部是"民间"的干部，不那么正规，几乎不被视为是干部。所谓高校学生干部，是指那些在高校内正式组织中任职的干部，包括学生会、科协、党支部、班委和团支部等组织中的干部。这种观念必须转变，并从管理思想上首先确立社团干部在高校德育中的重要地位，"落实政策"，尽快建立一整套针对社团干部管理、培养和考核的办法，这是提高社团活动质量的保证。

（3）创新社会实践活动德育载体。要转变思想观念，确立社会实践活动在高校德育工作中的重要地位。长期以来，人们习惯地将社会实践活动和学校德育工作割裂起来对待，把前者更多地视为一种"活动"，更有甚者把它作为一种"应付"上级或获取奖项的途径，没有从根本上认识到社会实践活动的重要德育意义。

社会实践活动作为学校德育工作向校外的延伸，其作用是学校德育理论课所不能替代的。社会实践活动将有利于学生由被动接受理论灌输变为主动进行自我教育，是高校德育的重要组成部分，是大学生道德实践中不可缺少的重要环节。创新社会实践活动德育载体，要与时俱进，不断丰富和及时更新社会实践活动的内容。

创新社会实践活动德育载体，还要创新社会实践活动的方法。在过去，人们总结并积累了一些行之有效的社会实践活动的方法，如以社会实践活动小分队的形式，组织讲师团、服务队深入社会各地开展活动；或建立长期的社会实践活动基地、爱国主义教育基地、德育基地等，实践表明这些方法均获得了较好的德育效果，对于大学生树立正确的人生观、世界观和价值观有着很大的帮助。我们要继承已有的好方法，克服原有方法的不足，不断探寻新方法，以适应新形势发展对社会实践活动的客观要求。概括起来，创新的社会实践活动方法主要有以下几个。

①建立相对稳定的社会实践活动基地。这是确保大学生社会实践活动走上规范化、正常化的重要条件。相对稳定的基地不仅有利于学校和社会对社会实践活动的统筹安排，集中管理，同时保证了社会实践活动的长期性和连贯性，而且还有利于学校和社会双方从长远角度不断改进社会实践活动中存在的问题和不足，使社会实践活动能顺利、健康地发展。

建立相对稳定的社会实践活动基地并不等于说不要开辟新的社会实践活动基地，恰恰相反，学校要不断开辟新的活动基地，因为只有这样，社会实践活动才能做到常新。由于事物总是不断发展的，社会上也会不断涌现出新的道德典型，开辟新的基地是社会实践活动本身创新的内在要求。

在对待社会实践活动基地建设问题上，正确的方法应该是把开辟新的基地与建立相对稳定的基地两者有机地结合起来，重在建设，切莫"打一枪换一个地方"，犯熊瞎子掰玉米一样的错误，要开辟一个，建设一个，巩固一个。只有这样，通过一段时间的建设才能拥有一批高质量的社会实践活动基地，才能真正实现"受教育"这一社会实践首要目标。

②开展以德育为主题的社会实践活动。学校在组织社会实践活动时，要处理好道德实践和专业教学实践的关系，把德育放在首位，积极开展主题德育社会实践活动，如可以组织以"接受革命传统教育""看改革开放新成就""寻访先烈足迹，做时代新人"等为主题内容的社会实践活动。即使是组织有关的专业教学实践活动，也要突出其思想性，

如可以结合送科技下乡、送医下乡、送文艺下乡等开展道德教育。由于社会实践活动内容的不同，就会有不同的德育内容，例如大学生在进行专业实习时，我们就要有针对性地在这一过程中进行职业道德的培养，培养学生的敬业精神、合作精神和集体主义精神，以及在工作中的创新精神，这样才能达到德育所起的作用。没有教育目标作为指导的社会实践只能是一次失败的社会实践。在社会实践活动中，要做到每次活动的德育目的显著，明确德育主题和社会实践活动的思想内涵，并将其贯穿于整个社会实践活动的全过程。

③根据对象特征，分类安排和指导社会实践活动的开展。如针对一年级学生所组织的社会实践活动与针对三年级学生就应有所不同，前者可以安排一些"参观教育型"的项目，而后者则可以安排一些"专题调研型""服务贡献型"和"活动交往型"的项目。另外，学校在组建社会实践活动小分队时，还要充分考虑到小分队的人员结构，包括年级结构、性别结构和专业结构。如组建一个社会调查小分队，最好要有管理和社会学专业的同学参加，否则其调查结果很容易产生偏差。

④走"社会化"的社会实践活动道路。这里的"社会化"不是社会学通常意义上的社会化，而是专指社会实践活动开展要依靠社会力量和针对社会发展需要来进行。首先，要充分利用社会力量参与大学生社会实践活动的组织工作。由于学生社会实践活动是一项系统工程，涉及社会的方方面面，必须依靠社会的力量才能完成，绝非学校单方面力所能及。为此，可以成立由学校和地方共同参加的"社会实践活动指导委员会"，聘请基层政府领导、企事业单位负责人担任顾问，以协调社会实践活动的开展；也可聘请校外高级专业技术人员、思想政治工作者与校内教师一起具体指导大学生开展社会实践活动。其次，在社会实践活动方案的确定上，要从社会实际需要出发，坚持活动本身的"社会化"。实践活动的内容和形式必须以社会需要为基础，不能为"实践"而"实践"，给社会实践活动的接待单位找麻烦。

二、高校外部德育载体创新

（一）高校外部德育载体的分类及构成

一般而言，家庭德育载体和社会德育载体构成了高校外部德育载体的主要部分。

1. 家庭德育载体及其基本构成

与社会的其他组织相比,家庭是社会最基本的组织,它以婚姻和血缘关系为基础,是社会机体的基本细胞。由于实行计划生育国策,我国现代家庭在人口的组成上已经不如传统的家庭复杂,但这也丝毫没有改变家庭所担负的多种社会功能,如人口再生产功能、物质生产功能,同时还肩负着子女的道德教育任务。从道德教育视角来看,家庭与学校一样,本身就是一个德育载体,那么家庭作为德育载体是由哪些主要构件组成的呢?我们认为"家风、家长的道德素质、社区的环境质量及家庭的人际关系"是组成家庭德育载体的主要构件,其他诸如"家庭的生活方式、家长的教育能力和家庭生活条件"等也在一定程度上影响着家庭德育载体作用的发挥。

在我国,家风又被称为"门风",是一个家庭在数代人的繁衍过程中逐渐形成的较为稳定的生活作风、生活方式、传统习惯、道德规范和为人处世之道的总和。家风的形成是家庭长辈和主要成员潜移默化的影响和教诲的结果。古人云:夫风化者,自上而行于下者也,自先而施于后者也。家风具有深厚的道德意蕴,一般而言,在家风的长期熏陶和潜移默化下形成的认知习惯、行为方式、思维品质等,是很难轻易改变的。优良的家风会使家庭成员具有积极向上的精神风貌、道德情操和正常的生活行为,形成和睦、融洽的家庭关系;家风腐败,会使家庭成员心理异常、品德败坏、行为偏离,导致家庭关系紧张。在家庭德育载体的构件中,家风居于重要位置。

家长的道德素质是指家长在道德认知、道德情感、道德意志、道德行为方面的素养。由于家长,特别是父母是家庭道德教育的主要执行者,因此其道德素质的高低将在很大程度上决定着家长的道德情操和思想境界,也决定着家长处理家庭关系、家庭生活方式、家庭教育的能力,从而决定了子女生活在什么样的家庭环境中,而这一切又将直接影响大学生德育的效果。

社区是一个社会学概念,是指"聚居在一定地域中的人群的生活共同体"。换句话说,社区是由聚集在某一地域中的社会群体、社会组织所形成的一个在生活上互相关联的社会实体。作为社会实体的社区,它不仅拥有各方面的生活服务设施,而且还有着自己特有的文化,每个社区中的居民,对于自己所属的社区都有一种情感和心理上的认同感。社区环境质量既包括社区的物质设施条件,同时包括文化设施和氛围。社区环境对大学生道德的影响是潜移默化的。

家庭人际关系是家庭成员依自身角色在共同生活中彼此之间直接的、面对面的交往关系,俗称"家庭关系"。不同历史时期的不同类型的家庭中,有着不同的人际关系,其中夫妻关系是家庭的核心关系,亲子关系是重要的家庭关系,此外还有兄弟姐妹关系、婆媳翁婿关系、外祖父母与外孙子女的关系等。

2. 社会德育载体的主要构成

由于社会本身在构成上具有复杂性,因此社会德育载体的构成也是一个十分复杂的系统,在此,我们无意深入探析社会德育载体的所有构成要素。我们认为以下要素是构成当前社会德育载体的主要构件,即社会风气、党风和大众传媒。

社会风气是在某种社会心理的驱动下或某种价值取向的引导下,表现出来的一种普遍流行的社会行为,是社会的政治状态、纪律秩序、生活方式、精神风貌和道德水平等状况的综合反映。在社会生活中,社会风气常常以社会群体的精神风貌和行为方式表现出来,社会风气状况的好坏也由社会上大多数人的精神风貌和行为方式集中体现。社会风气一旦形成,便会成为一种巨大的力量,影响着社会各个领域,包括道德领域。

社会文化是社会风气中的一个重要组成部分。从广义上讲,文化是指迄今为止人类的一切创造成果,既包括物质成果,也包括精神财富;从狭义上讲,文化则专指人类的精神成果,包括知识、信仰、艺术、道德、法律、习俗以及包括作为社会成员的个人而获得的其他任何能力、习惯在内的一种综合体。文化是制约德育内容的重要因素,德育内容的选择只能在社会文化发展所允许的范围内进行,其所能负载的文化质与量由整个社会文化水平所决定。文化就是这样承载着精神与时间同行,在时间中绵延不断地发展,不断地丰满,建设着人类的精神家园。作为高校德育载体的社会风气,其对德育对象的影响力不可小视。积极向上、催人奋进的社会风气,将有助于德育目标的实现;反之,消极颓废、腐败落后的社会风气,将极大地削弱高校德育的效果,不利于德育目标的实现。

党风就是指执政党的作风,是党的性质、宗旨、纲领、路线的重要体现,党风关系党的形象,关系人心向背,甚至关系党的生死存亡。党风正,则政风纯、军风威、民风和,进而德风长。党风是"根",政风、军风、民风是"枝",根深则枝繁,必会结出德风的累累"硕果"。

大众传媒指的是把信息传送到广大人群之中并对他们产生影响的传播方式,主要是指报纸、杂志、电视、广播和网络等媒体。一般来说大众传播媒介均拥有专职的从业人员,但其受众却是一个不确定的人群,其原因是现代传媒的覆盖范围极广,只要在此范围之内的人群都可能成为信息的接收者。

在大众传媒众多的功能中,社会化是其主要功能。美国著名社会学家戴维·波普诺把大众传媒视为人的社会化的主体之一,认为"社会化过程涉及一系列广泛的个人、群体和机构。这些群体中最重要的和最有影响者被称为社会化主体。主要的社会化主体有家庭、学校和日托中心、同辈群体,以及大众传播媒介"。[①] 瑞士的查尔斯赫梅尔在《今日的教育为了明日的世界》一书中写道:"这些传播媒介已经创造了一个平行的教育制度。""由于这些传播媒介,教育正在从时间和空间的束缚下解放出来,它不再局限于学校,也不再在某些固定的时间内教学了。"[②] 大众传媒通过传递信息从而影响人的道德社会化。

(二)家庭德育载体创新

家庭德育作为家庭教育的种概念,是德育活动的主要形式,它不仅是整个德育体系的重要组成部分,而且也是家庭教育不可缺少的组成部分。大学生在家庭中接受的德育是学校德育、社会德育及其他任何机构都难以取代的。因此,无论是学校还是家长,都应重新审视家庭德育的重要作用,开辟多种"家校联系"途径,共同关心学生的成长。

1.转变观念,确立家庭德育载体在大学生成长中的重要地位

长期以来,许多错误的认知干扰着家庭德育载体的发展。首先,许多家长普遍认为家庭教育的对象是学前婴幼儿和中小学生,而不应包括大学生。在我国目前的教育体制下,"考入大学"成为众多家长培养子

---

① 戴维·波普诺.社会学(第十版)[M].北京:中国人民大学出版社,1999:163.

② 雍琳.大众传播媒介对教育的挑战[J].克山师专学报,2000(4):78.

女的"终极目标",因此,家长们更多地关注子女的学龄前教育和基础阶段教育,"十年寒窗"只是为了将子女送入大学校门。一旦子女考入大学,"终极目标"实现后,此时的家长就有如释重负的感觉,认为子女已被送进了"保险箱",余下的事应由国家(即大学)来负责,自己的任务已经完成了,这是目前存在于家庭德育认知上的误区之一。其次,由于受"应试教育"的影响,家庭教育在内容上更重视对子女进行专业技能知识传授,而忽视对子女进行道德知识的教育和道德素质的培养。家庭教育的内容大部分是围绕着"升学"这个指挥棒进行的。再次,与中小学生不同的是,大学生大多到远离家乡的地区求学,学习和生活都在学校,这种距离在客观上造成了大学生与家长联系减少,家长不能再像在中小学时那样了解子女,不能有更多的"面对面"的互动教育,只是通过电话、书信和电子邮件进行沟通。

其实,在大学生的整个德育体系中,家庭、学校及社会三者是缺一不可的,但就目前家庭德育的现状来看,家庭的德育载体功能远没有得到充分发挥,如不及时改变这种状况,势必影响大学生德育目标的实现。而要做到这一点,转变观念,确立家庭德育载体在大学生成长中的重要地位是十分重要的。只有首先从思想观念上确立家庭德育载体在大学生德育中的重要地位,才能在行动上采取积极措施,推动家庭教育的改进和加强。

2. 追求平等、民主和科学,努力建设现代的新型家风

现代新型家风的突出特点,即以家庭观念现代化为思想基础,以家庭关系平等化、家庭管理民主化、家庭教育科学化为主要内容。具体可以从以下论述得到诠释。

现代的新型家风在处理家庭关系上,反对传统的男尊女卑以及"三纲五常"的道德规则,反对夫权、父权、家长制等旧制度和旧观念,要求男女平等、夫妻平等,家庭成员之间一律平等,大力倡导"尊老爱幼,夫妻和睦,勤俭持家,邻里团结"。这是对传统家庭道德中家长专制主义、男女不平等道德的彻底改造,是根据我国社会主义经济、政治法律制度的要求和家庭制度的变迁而提出的以夫妻关系为主轴的新的平等的道德原则。从一定意义上说,建设社会主义精神文明就是要开创一个整个国家、整个民族家庭和睦、人人相爱的新局面。

现代的新型家风在对待家庭事务的处理决定问题上应当遵循民主

原则,民主协商解决家庭问题。在家庭管理上每个成员都具有发言权,涉及家庭的各种事务,尤其是消费生活和家务劳动的筹划、财务的管理,都要通过民主协商、民主决议和民主办理。

相对于学校德育和社会德育而言,家庭德育在方式方法上更加灵活机动。它既可以兼容学校德育和社会德育的正面灌输、典型示范、寓教于乐等方法,又有学校和社会德育所鞭长莫及的特殊教育方法和手段。家庭德育应遵循科学的德育方法,以理服人、以情感人、以身示范,而不是武断粗暴的方法。只有采取科学的方法,家庭德育才能收到事半功倍的效果。

3. 开辟多种途径,使家长与子女保持热线互动

在大学生德育工作的实践中,一些高校已经探索出了一些行之有效的沟通方法,总结起来主要有以下几条途径。

第一,建立校方与家长联系制度。针对学生的思想、学习、生活状况,由辅导员、班主任不定期和家长联系,共同配合做好学生的工作。

第二,家长与学生联系。作为高校教育和管理的一项要求,高校要鼓励家长和学生保持经常联系,联系的形式可以是书信、电话,也可以是电子邮件或不定期探视等。家长由此了解子女的学习、生活、思想状况,并配合高校进行教育。

第三,召开家长会。召开家长会的形式可以是多样的,如座谈会、报告会,可以请家长到学校开,也可以到某一地区去开,目的就是交流情况、互通信息,共同关心学生的成长。

第四,学校成立由辅导员、班主任、学生家长代表参加的大学生家庭教育指导委员会,协调家庭教育的组织、指导工作。

4. 积极学习,不断提高家长的自身素质和教育能力

目前,教育的现状决定了我国还是一个低素质人口占大多数的国家。众多家长面对已经就读于大学的子女,感到自己无法对其进行教育。在这个终身学习型社会中,我们向众家长们发出倡议,要根据自身的实际情况,选择适合自己的方式接受继续教育,积极学习,不断提高自身素质和教育能力,只有这样才能把子女教育得更好。

（三）社会德育载体创新

1. 加强社会主义精神文明建设，营造良好的社会风气

社会风气具有相对的稳定性和巨大的能动性，它普遍渗透于社会生活的各个领域，广泛表现在社会成员的各种社会关系中，以强大的舆论和社会习惯势力的形式制约着人们的言论和行动，成为推动或阻碍社会前进的巨大力量。社会风气好，则社会成员精神振奋，勤劳进取，道德高尚，社会安定；反之，社会风气不好，则社会成员悲观消沉，投机取巧，道德败坏，社会动荡。当前，加强社会风气建设，首先就是要加强社会主义精神文明建设，大张旗鼓地开展爱国主义、集体主义和社会主义教育，开展社会公德、职业道德和家庭美德建设，积极营造良好的社会文化氛围，保证文化软环境的良好发展趋势和走向。明确具体标准，制定落实措施，引导人们树立正确的世界观、人生观和价值观。

其次，加强社会风气建设，就是要树立正面典型并加大宣传典型的力度。要加大对在社会主义现代化事业的建设中涌现出来的先进事迹和先进人物的宣传和表彰力度，因为社会风气建设在本质上就是弘扬正气以形成良好的社会风尚。

再次，加强社会风气建设，就是要健全法制，加强监督，制定和完善各方面的法规，堵塞漏洞，消除诱发不正之风的消极因素和薄弱环节，做到"有法可依，有法必依，执法必严，违法必究"。这样就会形成一种强大的力量，促进社会风气的健康发展。

总之，建设良好的社会风气是一项系统而又长期的艰巨任务，涉及社会的各方面、各行各业和每个人。社会风气又是流动的、相互感染和相互影响的，因此，良好社会风气的建设就需要动员社会各方面的力量，采取多种方法，共同努力。只有这样，才能在全社会逐步树立良好的社会风气。

2. 积极推进党风建设

"坚决反对和防止腐败"与"密切联系群众"是一个问题的两个方面，如果这一点做不好，那么党同人民群众的血肉联系就会受到严重损害。我们必须充分认识反腐倡廉的紧迫性，认真落实党风廉政建设责任制，坚定信心，扎实工作，旗帜鲜明、毫不动摇地把反腐败斗争深入进行下去。

第三节　高校德育工作的机制

当前高校德育工作中出现的一系列问题,其重要原因之一在于高校德育工作者和学生之间的信息不对称。许多高校德育工作者认为他们是很了解学生情况的,对学生思想境况是一清二楚的。有些同志甚至想当然地认为学生很稚嫩,德育工作者可以或者说应该包办学生德育工作的一切。而另一方面学生对高校德育工作者的思想、行为和根本出发点又不甚了解,对德育工作者的行为不理解,对德育教学及活动的兴趣不高。我们认为高校德育工作者与学生之间的信息不对称是目前高校德育工作效果不佳的重要原因之一,这就需要我们从新的角度去重新审视当前高校德育工作的机制,并以创新的思路重新构建高校德育机制。

一、高校德育机制创新的理论及主要假设

委托—代理关系的概念源自法律规定,如果一方自愿委托另一方从事某种活动并签订合同,委托—代理关系即告产生。授权人就是委托人(Principal),获得授权的人就是代理人(Agent)。在现实生活中委托—代理组合是普遍存在的。委托—代理理论是研究当信息不完全时,应如何设计激励机制使得代理人能按照委托人的利益选择行动的理论。

(一)委托—代理理论与高校德育机制创新

制度及机制的问题在亚当·斯密等人的古典经济学中并没有得到应有的重视,直到 1937 年科斯提出交易成本理论之后,20 世纪中叶哈耶克、米塞斯等人与兰格等人的社会主义大论战以来,机制问题才得到了应有的重视,特别是经济体制设计理论(以赫维茨、田国强等人为代表),经济体制设计理论主要涉及两个维度的问题:信息传递和激励问题。经济体制设计理论告诉我们,可以通过法律、激励和资源配置机制引导与协调个人行为,使个人目标与社会目标的要求一致起来,它的研

究思路和方法为我们研究高校德育机制的设计提供了借鉴。①

在信息经济学中"机制"的概述占有一个非常重要的地位,在那里机制被认为是一个博弈规则(或简称博弈)。根据这个机制,代理人发出信号,实现的信号决定配置结果。机制设计以后,代理人选择接受或不接受所设计的机制。如果代理人不接受,他则接受保留效用;如果接受则根据机制的规则双方进行博弈。信息经济学中的机制事实上就是指规则或制度,委托人和代理人在这个规则下进行行为选择。机制的设计要满足两个约束条件,即"参与约束"和"激励相容约束"。

如果我们把高校当作一个整体组织来看,我们可以发现在高校德育工作中同样存在着委托—代理问题。可以假设校长是委托人,校长与各院系的管理者之间形成一级委托代理关系,部门管理者具有私人信息优势为代理人;院系管理者与教师之间又形成一级委托—代理关系,教师知道自己的努力水平而管理者处于信息劣势,管理者为委托人,教师是代理人。委托—代理之间的层级越多,获取信息的难度就越大,管理的难度也越大,也就越需要设计更复杂的组织制度。对于特定的高校德育机制而言,学校德育工作者与学生之间同样也可以假设存在着委托—代理的关系,学生拥有对自身的道德认知水平和道德行为的信息优势,而德育工作者只能从学生相关的道德行为中获取学生道德水平的信息。

为此在高校德育机制的研究中,我们可以假设高校德育工作者为委托人,学生为代理人,这也说明我们同样可以用委托—代理理论来分析高校德育的机制问题。用委托—代理理论分析高校德育机制的创新问题有其理论上的切合性。为了分析的方便,我们假设在高校德育机制中德育工作者与学生之间只存在一级的委托—代理关系,德育工作者和学生之间不存在任何其他的管理层,这个假设不影响任何分析的结果。在这个假设前提下,高校德育机制的创新问题可以归纳为如何合理地设计面向学生的德育制度安排和组织设计,规避因非对称信息而带来的对学生德育力度不够的问题。

---

① 田国强.激励、信息及经济机制设计理论:现代西方济学前沿专题第一集[M].北京:商务印书馆,1999:31.

（二）对高校德育工作者和学生所持的基本假设

1. 效用最大化

德育工作者主要的追求是使德育目标得以实现，而学生则追求如何使自己的效用最大化。但需要指出的是，学生为追求自身效用最大化，可能并不选择德育工作者所要求的行为。例如，学生德育工作者希望学生认真学习道德规范，努力提高自身的道德修养，而学生则不一定是这样考虑，他可能考虑如何选择策略使德育工作者认为他已经符合了学校德育的要求，而不是真正地按学校德育要求进行行为选择。

2. 有限理性

在高校德育机制创新问题的研究中，无论是德育工作者还是学生，其信息处理能力是有限的，这不仅是因为获取信息的成本较高，另一方面是由于德育工作者和学生彼此都无法彻底摸清彼此心中的真实想法，自己的观念和思想只有自己才能有效地了解。

二、对称信息条件下的高校德育机制创新

（一）对称信息条件下的高校德育机制的制度安排

信息经济学将"机制"视作是一种博弈规则，更多地关注激励与效用最大化方案的设计。管理学将"机制"视为组织与制度的总和，强调管理者与被管理者互动的有机性，更带有系统性。在此我们将从信息经济学的角度出发，并结合管理学对机制的理解来进一步探讨高校德育机制创新的制度安排。

管理学认为，所谓机制，是指在组织系统中，组织对员工有行为调节的所有制度总和。一般认为，一个完整意义上的机制主要包括五个方面的制度。

（1）诱导因素集合：指满足个体的某种需要，激发个体努力工作的东西。

（2）行为导向制度：指组织对个体行为所设计的价值观规定。

（3）行为幅度制度：指对由诱导因素所引出的个体行为进行一定程度约制的制度，使个体行为符合组织目标和要求。

（4）行为时空制度：指诱导因素作用于个体在时间、空间上的规定。

（5）行为归化制度：指对个体的行为进行有效管理。

高校德育机制就是上述制度的总和。高校德育机制由激发和制约两个方面的制度共同构成。机制实际上是各种制度安排的有机组合。高校德育机制的重要性就在于它直接影响高校德育对象的行为趋向和选择，直接关系到高校德育目标的实现。

1. 学生的个人理性参与约束

在对称信息条件之下，由于学生参与德育的行为和为德育所付出的努力水平，包括自然状态（即其他影响因素，如环境、运气、天赋等）都是可观测的，故此时，高校德育机制中的所有制度以及它的目标都是为委托人和代理人所知晓的，二者都可以根据制度的安排获得各自的效用最大化。高校德育工作者作为委托人可以根据观测学生参与德育的行为和为德育所付出的努力程度，再加上对自然状态的考虑，对学生实施奖惩。

2. 信息对称条件下高校德育机制的行为（即行为趋向的选择）

目前高校通过在评定奖学金中给定德育分，并将此分解为一些具体的道德行为就是一例，另外一些德育教师尝试的"积德"分和社会上尝试的"道德银行"也都是对这个问题最好的实践。

（二）对称信息条件下的高校德育机制的组织设计

孔茨认为，组织是指一个正式的有意形成的职务结构或职位结构，即人们为了有效地实现一种共同目标，有意识地建立机构，在劳动分工与职能分化的基础上，对机构中的每个成员指定职位、明确职责、交流信息、沟通思想，并协调其工作，以获得高效率、高质量的一系列活动过程。[①] 组织是发挥管理功能达到管理目标的工具，是综合发挥人力、物力、财力、信息、时间、技术、环境等各种资源的有效载体。组织的主要作用表现为：

第一，合理、科学、有效的组织是实现决策与计划的基础，是实现管理目标与任务的重要保证。

---

① 孔茨.管理学（第十版）［M］.北京：经济科学出版社，1998：159.

第二,合理、科学、有效的组织是综合发挥人力、物力、财力、时间、信息、技术、环境等资源的合力作用,以最佳实现管理综合效益的合理结构系统。

第三,合理、科学、有效的组织是创造一种良好的"天时、地利、人和"环境,激励组织成员士气与积极性,使组织成员为实现组织目标而努力工作的重要保证。

高校德育组织是指高校教育者对大学生进行思想道德教育活动过程中的协作系统和技术系统,它是学校师生员工从事工作与创造活动的载体。如教研室、年级组、班级等组织,按照教育、教学工作需要合理地设置工作岗位,分配人员,明确责任,使教师在教育、教学各环节间协调、有序地进行,以实现教书育人的目的。

高校德育组织有正式组织和非正式组织之分。正式组织是为了有效地达到学校德育目标,经过明确的决策产生的,并规定了明确的职能、职责以及它们之间的相互关系。如党委、学生处、教务处、宣传部、团委、院系总支等都是以文件——即具有法规的性质形式明确规定了各自的职能及应负的责任,授予了处理问题的权限范围,规定了上下左右的协调关系,以保证其在学校思想道德教育和管理中发挥应有的作用,做到管理育人、服务育人和环境育人。非正式组织是指那些未经明确和筹划,而是在教职员工教育和教学过程中自发产生的各种群体,包括各种研究小组、兴趣小组、读书小组等。在非正式组织中,德育教师的个人威信和个人影响力是十分明显的,特别是在解决学生思想问题方面具有明显的优越性。因此,合理利用和正确引导非正式组织,尤其对非正式组织中的核心人物的引导和利用,对实现正式组织的目标具有重要意义。

组织设计是由管理机构制定的,用以帮助达到组织目标的有关信息沟通、权力、责任的正规体制。从最根本的意义上说,组织设计必须决定该组织将采取的分工的程度和性质以及为达到期望的目标将如何协调组织内部成员的努力。换言之,组织设计必须决定谁将做什么以及将如何协调人们完成工作。正确的组织设计是提高组织效率和有效性的关键。从高校德育创新发展的角度看,对组织设计方法的研究远比具体的组织设计重要,因为没有哪一个单一的组织形式是"最好的",适用于一切组织和一切环境的。

如果我们从信息的角度来考虑高校德育机制中的组织设计问题,我们可以发现在信息对称的条件下,组织设计问题不是很重要。这是因为在信息对称条件下,德育工作者作为管理者,对他所属组织成员(即学生)的每一个信息都非常了解,而学生对组织中的明文规定的制度也是非常清楚的,当然,这只是从理论上讲的理想状态。在这种情形下,德育工作者可以根据学生所表现出来的行为给予相应的激励。

无论是在有机式组织机制中,还是在机械式组织机制中,这个激励问题都可以得到实现。在此条件下,组织设计问题中的组织分工和具体制度的设计已经不是很重要。在信息对称条件下,组织设计问题中最重要的就是如何使有关学生的行为信息更快、更有效地从基层传播给德育工作者,这其实就是组织层次设计和管理幅度的问题。为了更有效地进行信息传送,应该进行组织创新,设计出组织层次小、管理幅度适当的扁平化的组织。

三、非对称信息条件下的高校德育机制创新

(一)当前高校德育机制的现状分析

1. 对现行高校德育机制中组织管理模式的评价

目前,高校德育组织管理体制与高校德育发展是基本适应的,但实际运作过程与体制的要求还有些距离。比如,学校党委副书记兼副校长是否就等于党委行政对高校德育的齐抓共管,高校德育目标仅仅依靠高校政工队伍的努力能不能实现,两课教师包括专职辅导员的地位如何得到真正肯定并进而真正提高他们的工作积极性等。

换言之,体制形式是否适应高校德育发展的需要是十分重要的,但更重要的是这种体制本身所包含的内容的适应性。在现行的高校德育机制中仍然存在着一定的问题,这主要体现在对学生的管理上。

现行高校德育组织管理模式基本上属于直线职能式。其积极的方面是,在统一指挥下进行职能划分,使组织有明确的任务和确定的职责。这种组织形式易于为人理解,从事类似工作、面临类似问题的人们在一起工作,从而有较多机会相互影响、相互支持。这种组织形式还能对人力资源、设备等进行相当有效的利用。然而,其不足的方面也是十分明显的。这种组织形式很容易形成个体本位的狭隘观点,即只注重整体工作中的某个部分,而不是将组织的任务看作一个整体。亚优化——

使一个部门的工作最优化——对作为一个整体的组织来说可能不一定是最优的。由于各平级部门之间的分工和职能不同，他们都有自己的专门工作，他们的注意力首先是全力做好自己的本职工作，这样就使实际的协作变得很困难，进而影响整个组织的工作效率。

此外，影响整个组织工作效率的因素还有现行高校德育管理体制的内容和形式不统一的问题。从表面上看，是党委和行政齐抓共管，但实际上还是专抓专管，使各方面工作的协调性、协作性存在着明显的障碍，甚至在某些工作上还有一定的冲突，这在一定程度上也影响了高校德育的整体工作效率。

由于上述高校德育机制的缺陷，不仅导致我国高校德育工作不能很好地适应当今变化了的环境，而且产生了一系列新的问题。

一是学生对高校德育工作存在着明显的"逆反心理"，感到德育工作是一种桎梏，一种压抑。许多学生对于德育的内容不感兴趣，学生对周围同学不关心，与他人感情冷漠，严重影响了德育工作的效果。

二是高校德育工作存在着明显的形式主义，高校德育工作不能取得预期的成果，学生的道德认知水平，特别是道德行为没有明显的提升。

三是高校德育工作非常的不经济。这里所讲的不经济是指党和国家在高校德育工作方面投入非常大，但德育工作的成效却不尽如人意。

可见，高校德育机制所暴露出来的问题已经严重影响了高校德育的发展，旧有的机制已经滞后于时代发展的要求。在此情形下，我们只有从实际出发，研究新情况，解决新问题，按照"确立全员育人、全过程育人的工作制度和实践机制"的新要求，在非对称信息的框架下运用委托—代理理论创新高校德育机制。

（二）非对称信息条件下的高校德育机制的制度创新

由前所述的委托—代理模型我们得知，委托—代理理论中的非对称信息主要是指代理人拥有自己的私人信息，而这些私人信息又不为委托人所得知。例如，企业中员工的一举一动和努力程度不可能完全被企业管理层所知晓，每一位学生参与德育的行为和努力水平同样不能被学校德育工作者所全部得知，学生的道德认知水平和参与德育的努力水平很难被学校德育工作者所测量和考评。在这种情况下，委托人与代理人所签订合约必须让代理人承担一定的风险。这主要是因为委托人无法直接观察代理人努力的水平，只能从代理人行为的结果来推测代理人的努力水平。

我们知道,学生的道德认知水平和参与德育的努力程度是很难测量的,因为德育既牵涉到知识点的教育,又涉及实践的具体行为(即德育的外化),德育的效果在短期内很难通过测评衡量出来。在德育效果很难测评、学生参与德育的努力程度又很难完全监督和考核的情况下,如果不采取其他有效的激励措施,学生的道德认知水平和参与德育的努力程度只能依靠学生自身的觉悟水平。从学校立场来看,对学生参与德育的行为是难管理的。这就是当前学生德育效果不佳,学生参与德育的程度不高的根本原因。在学生道德认知和参与德育的努力程度很难测评的情况下,学生在德育方面一般会有机会主义行为。

以上分析结果表明,在非对称信息条件下,学生作为代理人必须承担一定的风险,也就是说在学校德育工作者与学生之间应建立有风险的制度合约。为此,应该执行与对称信息条件下不同的制度安排才能更有效地提高学生的道德认知水平和参与德育的努力程度。假设学生的道德认知水平和参与德育的努力程度的结果满足一阶随机占优条件(即指学生在以认真、刻苦的态度来参与德育获取效果好的概率大于偷懒时的效果),此时可以采取如下的制度安排。

1. 加强对学生道德认知和道德行为的监督力度

一般而言,学校管理者监督学生参与德育的行为选择力度的途径主要有两个:一个是把更多的精力放在监督学生道德行为选择的工作上,另外一个途径就是通过学生周围的人提供学生德育方面的信息。因为从信息的角度来看,学生道德认知水平和参与德育的努力程度其周围的人比管理者更为清楚,所以从理论上讲,应该以学生的监督途径为主。

2. 加强校园文化建设

优良的文化氛围可以使学生受到潜移默化的熏陶,更为有效地接受德育的成果。具体而言,优秀的校园文化可以对学生的道德行为产生以下几个方面的影响。

首先,它可以起到更好的教育学生的功能。校园文化可以通过沉淀下来的价值观念,对群体,特别是新的校园群体起到教育的作用。

其次,它可以起到调适的功能。当个体的心智或行为偏离道德行为要求时,优秀的校园文化可以潜移默化地引导个体回到集体中。

最后，它具有陶冶功能。校园文化具有高品位，是历史积淀下来的精神财富，具有高尚的氛围，这些都会对人的心灵产生强烈的影响，陶冶人的情操，提升人的品德和行为，使人渐趋高尚。

（三）非对称信息条件下的高校德育机制的组织创新

高校德育的组织主要由人、物质、知识和技术、经费、目标任务、信息等要素构成。高校德育组织结构，是指德育组织内部各构成部分所确立的形式，是要素、排列次序和连接方式的总和。德育组织结构设计是否合理，对高校德育组织及其德育活动与管理的运转、工作效率的提高、德育目标的实现都有十分重要的作用。

1. 非对称信息条件下高校德育组织结构设计的内容和基本原则

一般而言，在非对称信息条件下高校德育组织结构的设计主要有以下内容。

第一，把为实现学校德育过程与管理目标所必须进行的各种活动，根据其内在的联系及工作量进行分类组合，设计出基本职务与机构。

第二，规定高校德育管理机构的职、责、权及其上下左右关系，并用岗位责任制度、职责条例、工作守则等形式加以说明。

第三，选拔和配备适合的人担任相应的职务，并授予开展德育和德育管理工作必须具有的权力，使其充分发挥作用。

第四，通过职权关系和信息系统将各德育组织部门联成一个充满活力的有机系统。

第五，对高校专兼职德育管理者进行培训，掌握高校德育和德育管理的基本理论和方法，使其能有效完成各自所承担的德育和德育管理工作任务。

影响高校德育组织设计的因素是十分复杂的，我们不可能将所有因素都一一罗列。但我们可以将各种因素进行分类，在分类的基础上，设计相对适用的组织形式。为此在进行高校德育组织机构设计时，我们必须遵循一些基本原则以排除这些影响，一般而言这些基本原则可以归纳为以下几个。

第一，客观性原则。高校德育管理机构的结构层次、职务、职位的设置应从实际出发，根据客观需要和客观可能设置管理机构。因人设职、因职设岗、因岗设事不仅不符合组织科学的基本原理，更重要的是会造成组织效率的下降,甚至导致组织的负效率的产生。

第二,效率的原则。从一般的意义上说,效率是投入与产出之比。如何减少投入,增加产出,这是一个科学问题,要求我们用科学态度来对待。简单直观的经验管理是不可能产生高效率的。

第三,分层管理的原则。实行分层管理是由德育活动和过程的层次性、复杂性、系统性所决定的。根据工作对象的需要,对工作的责任和权限进行分解,有利于实行责任制,有利于整个组织的控制和协调。

第四,分工协作的原则。分工与协作是现代管理的重要原理之一。没有分工,就不能明确工作目标和工作责任,不利于组织考核和控制;而没有协作,组织就会陷入混乱,就无法保证组织目标的实现。具体工作的最优化不等于整个系统的最优化,只有各部门、各层次的各项工作相互协调,和谐发展,才有可能实现整个组织的最优化。

第五,统一管理的原则。德育具有极强的方向性,不容许有任何的偏差。集中统一的管理是坚持德育方向性的重要保证。多头管理必然造成德育组织管理的混乱,进而影响德育的实效性,甚至使德育的方向出现偏差。

第六,责、权、能对应的原则。这实际上是管理能级原理在德育管理工作中的应用。责权能对应的就是具有一定能力的人对所管理的德育工作负完全责任,同时享有完成任务的应有权利。有责无权、有权不负责、有能无权无责、有权无能等现象必然导致组织效率的下降。

2. 非对称信息条件下的高校德育组织创新

在高校德育管理机制中,德育工作者与学生之间存在着严重的信息不对称,而这种信息不对称是导致当前高校德育水平不佳的重要原因。与此同时,从组织经济学和制度经济学的观点来看,信息不对称同时也是导致组织(这里的组织可以包括企业、政府、社会中介等)存在的根本原因。解决信息不对称的问题是高校德育机制中组织存在之必要性所在。如果高校德育工作者与学生之间既不存在着信息不对称的情况,同时他们又不是机会主义者,那么从理论上讲组织也就没有存在的必要性了。

因为如果德育工作者与学生之间是信息对称的,只要指定好德育的负责人,学生的道德认知水平和参与德育的行为就可以被德育工作者很清晰地了解,那么学生任何道德行为的偏差均可立即被纠正。德育工作者之间可以组成松散的联合体,就没有必要专门成立固定、专业的组织了。在信息不对称条件下,组织设计的一个重要问题就是如何使有关学生德育情况的信息更快、更有效地从学生那里传送给德育工作者,消除高校德育机制中存在的非对称信息。高校德育的组织在消除信息不对称方面有以下几个方面的功能。

（1）评估鉴定功能。德育组织介于高校管理者与学生之间,其行为具有相对的独立性、技术性、客观性,可以为学校提供评估和鉴定的功能。

（2）协调管理功能。主要指德育组织在充分考虑德育管理和学生要求等现实条件下,介入双方的运作过程,从而实现双方关系的相互协调。

（3）信息沟通功能。一般来说发生关系的双方很多情况下都存在着信息不对称,为了消除这种信息不对称,如果当事人直接去获取信息,就存在着交易成本。当交易成本太高时,他的行为就显得不经济,为此就有必要成立专门的组织来协调。

信息时代的来临为高校德育机制中的组织创新带来了新的机遇,未来的高校德育组织应朝着信息化、扁平化和自治式的方向发展,为此我们认为未来的高校德育组织应该采取以下三种典型的组织模式。

第一,信息型的高校德育组织。信息型组织最初是由管理大师彼德·德鲁克提出来的。企业信息型组织的理论完全可以在高校德育组织中加以应用,这主要是因为现代高校德育的环境已与传统的德育环境不一样。在传统德育环境中,高校学生的思想状况、学生所处的环境变化慢,社会形势比较单一,在此情景下,高校的德育可以按机械式的模式来组织,德育工作者拥有很大的权威,高校德育可以实行以德育工作者为主的单向式管理。然而随着当前高校德育环境的快速变化,学生自主性和独立性不断增强,如果德育工作者再以专家式的、权威式的组织方式来开展工作,它不仅容易导致学生的"逆反心理",而且还不能保证德育工作者真正了解学生的道德情况并采取针对性的措施,最终导致高校德育效果不佳。这就要我们改变传统机械式的组织方式,建立信息型的组织。在信息型的德育组织模式中,高校德育工作者不应该以专家或权威的身份出现,相反应该以公共关系、学生朋友、沟通协调员的身份出现,与学生以平等的方式共处,与学生开展广泛的沟通与交流,在与学生平等沟通交流的过程中,使学生完全明确高校德育中学生应该承担的目标和义务,在此基础上制定出具体的规章制度,把学生所明了的德育目标转化为双方都能接受的行为,消除学生的"逆反心理",这是建立高校信息型德育组织的前提。在上述基本前提得以实现以后,高校德育信息型组织中的每一位成员(这里成员包括德育工作者和每一位学生)还必须承担起信息交流的责任,使高校德育中出现的任何偏差都可以得到即时有效地纠正,从而保证德育的效果。

概括而言,信息型的高校德育组织应该具备以下几个方面的特征。

(1)组织中每位成员的地位是平等的。

(2)沟通的方式是协商和交流,而不是强制和说教。

(3)信息交流的方式是双向的,不仅德育工作者负有与学生主动沟通的责任,而且学生也有向德育工作者积极反馈的责任。

第二,扁平化的高校德育组织。在信息型德育组织中我们是通过德育工作者和学生之间的平等对话来消除信息不对称所导致的德育效果不佳的问题。另一方面我们还可以改变德育组织的管理层次和管理幅度来提升高校德育信息传递的准确性,降低信息不对称所带来的问题。在这种德育组织模式下,学校党委作为德育组织的最高层,与学生之间间隔了两个管理层次,管理层次多,使学生的德育信息与德育管理层之间的传送效率不能得到保证。

学生的德育信息和德育管理层所掌握的信息不能保证一致,德育管理层并不能获取学生即时、有效的信息,他们做出的决策有时是以旧有的、过时的信息为基础的,高校德育管理的效率受到很大的影响。由于管理层次过多而导致的信息不对称问题可以部分地由现代信息技术和组织结构的再造来解决。当今时代,信息技术正以独特的优势推动着组织结构的变革。

信息技术具备的信息传递与中介沟通功能以其网络性、发散性对传统的组织结构带来冲击。在企业界,由于信息技术的发展,管理学界正在发起组织再造和流程再造的管理时尚。组织再造的一个普遍趋势就是企业组织从过去高耸性的结构向扁平化的组织结构发展,这种组织结构的改造使企业界的管理效率得以迅速提高。在当前高校德育管理机制中,同样需要进行德育机制的组织再造,减少由于管理层次过多而导致的信息不对称问题。

现代信息技术的发展为高校德育组织的扁平化改造提供了工具,它可以帮助高校建立管理层次更少的层级制的精益组织,有利于信息以更快的速度和更好的质量传递到组织的每一个角落。信息技术能够将学生的德育信息直接从基层运作单位传送到德育管理的最高层，同时又可以将信息通过信息平台直接传送到基层人员，使德育管理的中层人员减少，同时还可以降低德育管理层信息的获取成本和信息的扭曲程度。

第三，学生自治式的高校德育组织。高校德育工作可以通过信息型组织和组织结构再造减少信息不对称所带来的德育效果不佳问题，但我们也要看到通过这两项措施不可能彻底解决高校德育中信息不对称的问题。既然信息不对称问题不能彻底解决，我们还可以从另一个方面来审视高校德育机制中的组织问题。如在委托—代理理论模型中所言，信息不对称问题部分是由于个人的机会主义所导致的。

所以我们可以通过放松对学生机会主义的假设来审视高校德育组织。假如学生是可以依赖的，即对学生的机会主义假设适当放宽，我们可以考虑高校学生自治组织。虽然到目前为止，真正意义上的高校学生自治在我国当前还没有出现，但是高校学生自治将成为当代教育界的一个大的趋势。这是因为当代学生越来越自主，他们自我管理的能力也逐渐增强。

除了学生会以外，高校德育学生自治组织还可以包括校学生社团、校学生刊物、宿舍楼长自我管理协会，在学生当中还可以建立校自治委员会或道德法庭。虽然高校学生自治在我国还没有普及，但有些高校已经开展了学生自治的尝试。南京农业大学就尝试了学生考试不监考，考场纪律自我管理的活动。当然这样的尝试必须有制度上的保证，南京农业大学规定如果发现或有人举报考试时有人作弊，或发现考试试卷有雷同，全班考试必须重来，被举报者不得再参加考试。学生对这项活动的反映良好，考试的纪律也很好，大大降低了成本。

第四，建立网络式组织。随着网络技术的普及，网络企业、战略联盟和虚拟组织纷纷出现。网络在高校德育中大有用武之地，目前许多高校都建立了"红色网站"，通过网络平台，部分学生可以把感到困惑的问题及时与德育工作者进行沟通和交流，保证道德问题解决的及时性。但目前德育网站的建设存在一个问题，就是部分高校对德育网站重视不够，对于学生发布在网络平台上的道德问题反馈也不是很及时，降低了网络平台在德育中的作用。为此，学校可以组织一些专家学者组成网络式的虚拟组织，这些专家学者之间甚至可以不相识而且平时不与学生接触，但要及时解答或反馈学生在德育网络上提出的道德问题。这样的组织可以消除学生对德育工作者的警戒心和不信任感,有助于高校德育工作的长期开展。

总之,高校德育作为我国社会主义建设的重大任务之一,需要发展和创新。没有健全的高校德育机制,当前乃至将来的高校德育工作都不可能取得成功。随着知识经济时代的来临和当代学生个性不断增强的趋势,积极进行德育机制的创新,解决当前德育机制与德育工作不协调的问题就显得非常重要。

第四章
高校德育工作的内容、方法与实践

高校德育工作的根本目的是培养符合社会主义现代化建设需要的高素质人才。随着我国改革开放的不断深入和社会主义市场经济体制的建立和发展，高校德育注入了新的内容，就是要使学生逐步树立正确的世界观、人生观、价值观，培养良好的社会公德、职业道德、家庭美德和全心全意为人民服务的观念以及爱祖国、爱人民、爱劳动、爱科学、爱社会主义的道德意识。本章主要研究高校德育工作的内容、方法与实践。

第一节　高校德育工作的内容

一、"三德"——立身之本

社会公德、职业道德和家庭美德是社会主义道德建设中最重要、最基本的内容，这三个方面基本覆盖了社会主义道德建设的主要领域。高等学校是培养社会主义建设者和接班人的场所，是建设社会主义精神文明的重要基地。抓好大学生的"三德"教育，是高校德育工作的重要任务。

（一）社会公德教育

1. 社会公德的含义

社会公德又称"公共道德"，是为了维护公共生活，调节人与人们之间关系而形成的道德行为准则和起码的公共生活准则。社会公德反映了个人的行为同集体、阶级、民族、国家和社会的关系，涉及公共利益、公共秩序、公共安全和公共卫生等，需要用公共生活准则去调节个人与集体、社会之间的关系。

2. 社会公德教育的主要内容和要求

社会公德是社会主义道德的有机组成部分。社会主义市场经济条件下，公民享有真正、广泛的民主权利，同时国家对公民的责任义务也提出了明确的要求。社会公德教育是要教育每个大学生在社会及学校公共生活中，做到尊重人、关心人、助人为乐，遵纪守法，讲文明礼貌，遵守公共秩序；提倡爱护公共财物，保护环境和资源，自觉履行对国家和社会的义务；要敢于同坏人坏事和不良倾向作斗争，在国家安全和人民生命财产受到威胁时挺身而出，奋勇拼搏，英勇斗争。

（1）讲文明礼貌

讲文明礼貌主要是指从道德情操、社会风尚方面提出的要求。概括地说，文明礼貌就是指人们在公共生活中的言谈举止符合群体利益，符合礼仪，谦虚恭让，如语言文明、行为文明、交往文明、仪表文明，以及对人称呼的礼貌、与人说话的礼貌、公共场所的礼貌等。

（2）遵守秩序

为了维护社会公共生活的正常进行，要求人们在公共场所必须遵守生活秩序、工作秩序、生产秩序和学习秩序。

（3）讲究卫生

讲究卫生包括个人卫生和公共卫生，要求养成良好的卫生习惯，衣着清洁整齐，在公共场合做到爱护公共环境卫生，创造和维护优美、整洁、清爽的生活空间。

（4）爱护公物

爱护公物就是要爱护公共财产，包括国家、集体的一切财产如公共财物、公共建筑和公共设施，要以主人翁的精神大力宣传和倡导爱护公物、厉行节约,树立为国家节约一滴水、一度电、一分钱的精神,爱护学校的一切设施,不占公物,保护公物,同破坏公共财物的不良行为作斗争。

（5）诚实守信

诚实守信是指不虚假,言行跟内心思想一致,恪守诺言,讲信用。要做到实事求是,讲真话实话,谈论事情要客观;要光明正大,忠诚老实,不见风使舵,阳奉阴违;要说话算数,说到做到,言行一致。

（6）敬老爱幼

对老人、对长辈要尊敬、爱戴,对儿童关心爱护,这是中华民族的传统美德。尊敬老人是尊重历史和尊重他人的表现,同时也是尊重我们自己。儿童是祖国的未来和希望,应该受到全社会的保护和关心。

（7）助人为乐

热心帮助遇到困难的人,为他们排忧解难,帮贫济困,并以此为乐,不留姓名,不图钱财,不为报答,是高尚品德的表现。

（8）见义勇为

见义勇为是公共生活中的起码准则,为了正义的事业,为了社会和人民的利益,对于损害公共利益的行为挺身而出,伸张正义,敢于斗争,甚至不惜牺牲生命,是共产主义道德情操的具体表现,是高于其他社会公德内容的道德内容。社会主义精神文明反对那种见义不为、明哲保身,对他人危难持冷淡和漠不关心态度的不道德行为。

（9）保护环境

对公共生活环境和自然环境进行保护,减少不必要的污染,保护野生动植物资源,保护绿化,保护水源,不随意破坏环境,努力创造一个清洁卫生、舒适清新的生存空间。

3.社会公德教育的意义

（1）社会公德是保证社会生活正常进行的重要条件

在社会生活中,任何人违反社会公德,都会破坏人与人之间正常的道德关系,给社会生活秩序造成一定的危害,这不仅会给人们的生产、生活和工作带来极大的不便,还有可能造成人民生命财产的重大损失。所以,人人都要遵守社会公德,以它来约束自己的行动,这是维护社会的正常生活秩序、保障社会生活正常进行的重要条件。

（2）社会公德对改善社会道德风气具有重要的作用

社会公德对社会道德风气的影响稳定而深刻,对人们情操的陶冶、品德的培养作用很大。一个社会,如果人们连最基本、最简单的公共生活准则都不遵守,就谈不上用更高的道德要求来约束自己,那么这个社会也就很难形成良好的道德风气。相反,如果人人自觉遵守公共生活准则,整个社会的道德风气就会好起来。自觉地、模范地遵守社会公德,是提高社会主义道德水平的一条有效途径。社会成员的整体道德水平提高了,就会形成良好的社会道德风气。

（3）社会公德对形成良好的人际关系有重要作用

社会公德反映人们在社会生活中的相互关系,在调节人际关系中起着重要作用。人们在交往中,为了建立平等、团结、友爱、互助的社会主义人际关系,必须自觉遵守社会公德,并按照它的要求去处理彼此间在公共生活中的关系,从而有利于良好人际关系的建立。社会实践证明,遵守社会公德对于形成良好的人际关系有着重要的作用。

（二）职业道德

1. 职业道德的含义

职业道德是人们在一定的职业活动中所遵守的行为规范的总和。在现代社会中,随着社会主义市场经济的发展,新的职业大量出现,千百种职业和行业渗透于经济、政治、科学、教育和文化艺术等实际生活的各个领域。社会中的每个行业、每种职业都是社会活动的一个组成部分,在各自的行为及活动中,要达到规范、科学、有序的发展,都必须遵循既定的职业道德规范和准则。职业道德不仅是从业人员在职业活动中的行为要求,而且是本行业对社会所承担的道义责任和义务,从道义上规定人们应以什么样的思想、感情、态度、作风和行为对待本职工作及其待人、接物和履行职责。

2. 职业道德教育的内容和要求

对大学生进行职业道德教育,主要是针对青年学生特点,结合社会各行业共同的职业道德规范,提出职业道德要求,培养学生强烈的事业心和责任感。职业道德规范是指职业劳动者处理职业活动中各种关系、矛盾的行为准则,是评价职业劳动者的职业活动和职业行为好坏的标准,它告诉人们在职业活动中应该怎么做,不应该怎么做。在职业分工极其复杂的现代社会条件下,各行各业除遵循各自制定的行业职业道德规范外,还必须遵守全社会共同的、各行各业都应遵守的行为准则。

(1)忠于职守,爱岗敬业

敬业精神是一种基于热爱基础上的对工作、对事业的全身心忘我投入。忠于职守就是忠实地履行职业责任。具体地说,就是在职业活动的领域,树立社会主义主人公的责任感、事业心,追求崇高的职业理想,干一行,爱一行,专一行,摆脱单纯追求个人小团体利益的狭隘眼界,把对社会的奉献和付出看作无尚的光荣,每个劳动者恪尽职守,兢兢业业,是保证社会生产、生活正常运转的前提条件。每个从业人员,只要在岗位上工作一天,就要认真履行岗位职责,即使与个人利益发生矛盾,也应首先保证完成工作任务。一个人能否对社会做出贡献,不在于他从事什么职业,而在于他有没有为社会无私奉献的精神。只有自觉地为社会主义现代化建设贡献力量,不计个人得失,其人生才是高尚的,有意义的。

(2)努力学习,提高技能

这是社会主义职业道德规范的一个重要方面。它要求一切从业人员努力学习,钻研所从事专业的知识技能,孜孜不倦,锲而不舍。作为大学生就要勤奋刻苦学习,充分利用社会提供的学习机会和学习条件,克服一切困难,勤于思考,圆满完成所学专业的学习任务,只有全面掌握专业理论知识和技能,并具备适应社会的能力,才能被社会所接受和认可,才能成为合格的社会主义建设者,才能把为社会服务、推动社会发展落到实处。

(3)遵纪守法,廉洁奉公

纪律和法律是保证社会正常秩序的有力工具和武器。遵纪守法指的是每个职业劳动者都要遵守职业纪律和与职业活动相关的法律法规。国家和各行业、部门、系统都制定了一系列的相关法律法规。廉洁奉公是高尚道德情操在职业活动中的重要体现,它要求每个从业人员在职业活动中要坚持原则,不利用职务之便谋取私利,以国家和人民利益为重,自觉奉献。

各类从业人员在职业活动范围内的行为,都必须遵守相应的法规守则,履行道德义务。在社会主义市场经济条件下,各行各业在社会活动中都有其独有的特殊性。只有行业之间、行业与社会之间以"我为人人,人人为我""服务第一"为原则,相互协调,相互服务,一切为社会利益考虑,为群众着想,从集体和社会利益出发,不谋私利,廉洁奉公,才能使社会处于良性循环状态。高校德育工作要教育学生从自身做起,从每件小事做起,特别是不断增强学生对遵纪守法的认识,提高遵纪守法的自觉性,事事处处在纪律和法规守则的约束下。

（4）团结互助,学赶先进

社会是个大家庭,是复杂的整体。社会运动是高级运动形式,社会的正常运动需要组成社会的细胞——每个人、所有行业、部门的正常运转。而一个行业、一个部门的正常运转,又要其内部各从业人员相互配合,相互协调。不论哪项工作,离开了集体,离开了相互配合,离开了他人的帮助,都是不可能圆满完成的。

因此,社会主义职业道德要求每个劳动者在工作中搞好团结,互相帮助,向各方面的先进和模范人物学习,向先进工作者看齐。学习先进模范人物高尚的职业道德、执着无私的敬业精神、勤奋工作的优良品质、精湛的知识技能。作为高校的青年学生,在校学习期间应不断学习各行业先进人物的事迹和优良品质,并经常注意身边同学中出现的感人事例;搞好同学之间的团结,发扬互助友爱精神,帮助有困难的学生,逐步培养团结互助,学赶先进的职业道德意识。

（5）扶植正气,抵制歪风

市场经济在给社会发展带来正面影响的同时,由于等价交换原则的作用,"钱"的地位在人们心目中明显加强,诱发一些个人主义欲望、拜金主义和享乐主义蔓延。为了个人私利,不惜损害国家、集体、他人的利益,不择手段地赚钱,严重违背社会主义职业道德原则,同时也阻碍了社会主义改革事业的健康发展。我们每个劳动者,从事各行业工作的职工,包括正在学校学习,将来投身社会主义改革大潮的大学生,都有责任和义务弘扬正气,倡导和实践社会主义职业道德,自尊、自信、自强、进取,树立效益观念、民主观念、平等观念、时间观念;克服消极腐败现象,同一切违背职业道德原则的行为进行坚决有效地斗争。

（6）文明礼貌,和气待人

社会主义市场经济条件下,不论做什么工作,都是为了一个目的——为他人利益、为社会发展做贡献。在职业行为中,要树立服务意识,为服务对象提供高质量的服务。对待我们的服务对象如顾客、患者、群众、学生等都要像亲人一样,讲究说话艺术,礼貌待人,关心体贴,体现平等友爱的关系。力戒盛气凌人,态度生硬,拉关系、走后门,搞行业不正之风。文明礼貌不但体现出职业人员所在部门、行业整体素质和形象,而且也是社会主义道德的重要组成部分。它从一个侧面体现出整个社会、一个系统、一个地区的道德水平。

（7）坚持真理,改正错误

坚持真理,正视错误,是一个人修养的重要方面。只有坚持真理,大胆承认错误并及时改正错误,才能少走弯路,使社会主义现代化事业减少不必要的损失。我们在本职工作中,应持科学的态度,尊重自然规律,实事求是;遇到问题多分析,多调查研究,多进行论证,多听取各方面意见,正确对待批评;坚决反对违背科学规律,搞假、大、空,脱离实际,一意孤行的工作作风。

（8）勤俭朴素,艰苦创业

艰苦奋斗作为一种可贵的精神品质,是人类共同的精神财富。艰苦奋斗精神在革命战争时期和社会主义建设初期创造了奇迹。社会主义现代化建设仍然离不开这种精神。虽然社会主义市场经济的发展使我们国家的经济上了新的台阶,但我们还应看到我国人口多、资源相对短缺、科技水平比较落后,还需在工作、生产、生活等方面长期发扬艰苦奋斗的精神,勤俭办一切事业,并为之付出长期艰苦的劳动。艰苦创业精神就要求从业者确立远大志向,吃苦耐劳,顽强拼搏,勇于探索,勇于实践,持之以恒;反对奢侈浪费,盲目追求高消费的资产阶级腐朽生活方式。

3. 社会主义职业道德的作用

（1）对社会主义经济发展起推动作用

在改革开放和现代化建设中,加强职业道德建设,可以促进人们思想观念的更新。职业道德要求人们不仅要有锐意改革的精神,而且要有科学务实的态度,不断树立质量第一,勇于竞争,开拓创新的观念,逐步适应社会主义市场经济体制的需要。当人们确立了相应的职业道德观念,并把它转为自己的内心信念和强烈责任感时,就会树立起正确的劳动态度,增强主人翁责任感,从而在事业上做出贡献。社会各行业涌现出的"能手""专家""状元"等,他们的光辉典范和高贵品质激励着社会从事各职业的劳动者的斗志,从而推动社会主义现代化经济向前发展。

（2）对良好社会风尚的形成起保证作用

社会风气的好坏,往往通过各行各业的职业风气"窗口"表现出来,各行各业的风气是职工的道德水平和道德风气的综合反映。社会主义职业道德以规范的形式指导人们的职业活动,使从业人员以高度热情从事工作,发挥自己的积极性、创造性,自觉调整人与人之间的关系,只要各行各业都把职业道德贯彻于职业活动中,那么行行都会形成好的风气,并汇成整个社会的优良风尚。

（3）对提高从业人员的道德素质起促进作用

在职业活动中,要提高职工队伍的基本素质,关键在于加强职业道德建设,一个从业人员除了需掌握一定的专业理论知识和高超的操作技能之外,理想、道等精神因素在人的成长过程中起着更为重要的作用。遵循社会主义职业道德,可以激发人们的劳动热情、积极进取精神和主人翁责任感。通过职业道德教育和实践,可使从业人员具备如积极工作、钻研业务、遵守纪律、提高工效、廉洁奉公等良好的职业素质,促使他们实现职业理想,成为建设社会主义的合格人才。

4.职业道德修养

（1）职业道德修养的途径和方法

职业道德修养分职业道德知识、情感、意志、信念和行为习惯五个方面的内容,也是知、情、意、信、行五个环节的紧密衔接,相辅相成的统一过程。

（2）职业道德修养的意义

首先,职业道德修养是进行社会主义现代化建设的迫切需要。在社会主义市场经济条件下,搞社会主义现代化建设需要全体全社会劳动者同心同德,团结奋斗。要求各行业的从业人员具有较高的职业道德素质,树立正确的劳动观念,培养良好的职业道德品质。当人们一经形成对自己职业的道德责任并把它变为内心道德信念后,就会把共同理想同各行各业的发展目标和现实任务结合起来,产生一种高尚的社会责任感和荣誉感,在社会主义现代化建设中发扬献身事业的精神。

其次,加强职业道德修养是建立和发展平等、团结、友爱、互助的社会主义新型关系的重要环节。在社会主义市场经济体制下,人人都是服务对象,人人又都为他人服务。社会对人的关心,社会的安宁和人们之间关系的和谐,是同各个岗位上的服务态度、服务质量密切相关的,人们常常通过对职业道德规范的深刻理解和职业道德生活的深切体验,认识和感受到和谐人际关系的重要性,全社会各行各业如果都能履行自己的职责,大家就会感觉到生活在一个受到尊重、受到关心、充满团结合作的和谐环境中,就会激发人们劳动和工作的热情。

最后,加强职业道德教育,是纠正行业不正之风、建设良好社会风貌的重要措施。从近年来社会上不正之风的表现来看,最突出的问题是职业道德问题,各行业、各部门的职业道德问题尽管表现形式不同,但其实质都是不讲职业道德,结果是损害了国家、集体和群众的利益,破坏了人与人之间新型的社会关系,败坏了社会风气。如果在各行业进行职业道德教育的前提下,从业人员注意加强职业道德修养,"从我做起,从本单位做起,从现在做起",使厂风、店风、医风、机关作风都得到改善,那么整个社会风气的好转就落到了实处。

(三)家庭美德

1. 家庭美德的含义

家庭美德是调节家庭内部成员和家庭生活密切相关的人际交往关系的行为规范。家庭是社会的细胞,是人类社会生活的基础组织形式,家庭美德是社会主义道德建设的重要组成部分。

2. 家庭美德教育的内容

家庭美德教育的基本内容是尊老爱幼、夫妻和睦、勤俭持家、邻里团结。对于随父母一块生活而又以学校集体生活为主的大学生,在家庭美德方面,主要是提倡以尊敬长辈、孝敬父母、努力学习、遵守校纪、立志成才的实际行动报答父母长辈的养育之恩,学会在生活上照料父母、经济上赡养父母、精神上慰藉父母;要勤俭节约,生活上俭朴,努力培养生活自理能力,不乱花钱,不铺张浪费,假期在家要做家务劳动,为父母家庭分担忧愁,体谅父母长辈的辛劳,关心体贴父母长辈的身体健康;不可只顾自己享受,反对好吃懒做,没有家庭和社会责任的行为。

3. 家庭美德教育的途径和方法

家庭美德教育,主要是通过家庭教育、学校重视和社会大环境影响等,使大学生逐步形成正确的意识。

家庭教育是子女思想品德形成和发展的基础,父母长辈的言传身教对子女影响是很深刻的。父母要利用家庭教育的优势对子女进行针对性的、行之有效的教育。学校要对学生进行尊敬师长、关心集体、勤俭节约、团结互助,热爱劳动的教育,为学生创造一切条件,进行家庭美德方面的修养。社会要重视家庭美德教育对大学生的影响,利用各种形式,宣传和弘扬社会中家庭美德的典型事例,形成良好的氛围。

4.家庭美德教育的意义

家庭美德教育是社会主义道德建设和大学生思想道德教育的重要方面。对于整个社会主义道德建设的健康发展具有重要的现实意义。

首先,家庭美德建设是家庭生活美满幸福的道德基础。家庭伦理道德的建设,能够促使家庭成员提高各方面的素质,养成良好的生活、学习和工作习惯,有效地发挥家庭所担负的社会职能,建立良好的家庭成员间的和谐关系,从而使家庭处于温馨、欢乐与幸福的状态。

其次,家庭美德教育能够促进社会公德和职业道德教育的形成和发展。一个具有良好家庭伦理道德素质的人,在社会生活中一般都会是一个遵守社会公德的好公民,在关心父母长辈的基础上,同时也会关心他人和集体。具有家庭责任感的人,必然对岗位、对工作会有高度的事业心。

二、树"三观一旨"——做合格的建设者和接班人

（一）进行科学世界观教育

1.科学世界观教育的内容

第一,划清唯物主义同唯心主义的界线。自古以来,人类认识史上就存在着唯物主义同唯心主义两种根本对立的世界观,划清二者的界线,是确定正确世界观的首要前提,人类所处的世界的所有物质现象,归结起来不外乎两大类:一类是物质现象,一类是精神现象。物质和精神谁是第一性的问题,表现在历史观上就是社会存在和社会意识谁为第一性、谁为第二性的问题。这个问题是思维和存在关系中最根本的方面,也是哲学的基本问题,对此问题的不同回答,是区分唯物主义与唯心主义两大哲学派别的唯一标准,凡主张物质决定意识、意识是对物质

反映的,来自唯物主义观点,反之,则属于唯心主义观点,除此之外,不存在独立的第三派别。

第二,划清辩证法和形而上学的区别。主要是对世界处于怎样一种状态的问题做出回答,这些问题包括世界上各种事物和现象是相互联系、相互制约的,还是彼此隔绝、独立存在、互不相干的;是发展变化的,还是静止不动、一成不变的;如有变化,是只有数量增减、简单重复,还是由量变到质变、由低级到高级曲折上升的;变化的根本原因是外力的推动,还是内部的矛盾性引起的等。对于这类问题的不同回答,就是辩证法和形而上学的区别所在。坚持用联系的、发展变化的、矛盾的观点看世界的,属于辩证法,反之,则属于形而上学。只有辩证法才反映了事物的本来状态,形而上学是错误的。

第三,了解和掌握辩证唯物主义和历史唯物主义概念。马克思主义的世界观有完整严密的科学体系。它在科学实践的基础上,汲取历史上一切优秀的思想文化成果,把唯物主义和辩证法有机地结合和高度地统一起来,形成了马克思主义的辩证唯物主义的世界观,同一切唯心主义和形而上学划清了界线,最深刻而又科学地揭示了自然界、社会和人类思维发展的普遍规律。也就是说,马克思主义的唯物论是辩证唯物论,马克思主义的辩证法是唯物辩证法,不仅如此,马克思主义还独创性地把唯物辩证的自然观同历史统一起来,确立了一种崭新、科学的历史观,即历史唯物主义。

这种历史观认为,不是人们的社会意识决定人们的社会存在,而是人们的社会存在决定人们的社会意识;人类社会发展是一个自然历史过程,有其内在的客观规律,社会生产方式的内部矛盾,即生产关系同生产力、上层建筑同经济基础之间的矛盾,推动着社会发展的一般过程,在阶级社会里,这种基本矛盾直接表现为社会内部的阶级斗争;从阶级社会走向无阶级社会,最终实现全人类解放,是人类历史发展的必然趋势;人民群众是历史的创造者,是推动历史前进的基本动力。

2.科学世界观教育的作用

进行科学世界观教育,主要引导青年学生牢固树立以下几种观点。

第一,牢固树立实事求是的观点。使青年学生在认识世界和改造世界的过程中,无论是想问题、办事情都能够坚持实事求是,一切从实际出发,理论联系实际,尊重科学、尊重事实,不迷信、不盲从、不唯书、不唯上,能注意用发展而不是静止的、全面而不是片面的观点观察问题和分析问题;能够坚持具体问题具体分析,防止和克服唯心主义、形而上学的错误倾向。

第二,牢固树立马克思主义认识论的观点。坚持实践是检验真理的唯一标准,不断地探索、研究社会主义现代化建设的实际问题和新情况、新经验,勇于突破那些已被实践证明是不正确的或不适应变化了的情况的判断和结论,更加自觉地遵循社会自身的发展规律和发展方向,坚定社会主义、共产主义信念。

第三,牢固树立群众路线的观点。强调要为人民群众服务,想人民群众之所想,急人民群众之所急,为群众谋利益,青年学生要向人民群众学习,在各项工作中充分信任群众,依赖群众,从群众中来,到群众中去,和群众打成一片,注意倾听群众的呼声,关心群众的疾苦,尊重群众的主动精神和首创精神,动员广大群众和衷共济为实现现阶段的共同理想而奋斗。

3. 树立科学世界观的方法

进行科学世界观教育,关键是要把学习和实践辩证地结合起来。科学世界观是建立在马克思主义理论基础上的,因此,要树立正确的世界观,要掌握马克思主义立场、观点和方法,就必须认真学习马克思主义的基本理论,特别是要系统地学习辩证唯物主义和历史唯物主义。科学世界观的树立,也是主观与客观、认识与实践能动的统一,青年学生需要在改造客观世界的同时,不断改造主观世界。在改革开放不断深化,社会主义市场经济逐步渗透到社会各个领域的今天,树立科学的世界观必须联系改革实际,进行新的实践,适应新的形势。因为马克思主义是发展的,建设有中国特色的社会主义给马克思主义注入了新的内容,脱离了现实的实践,世界观就会僵化,就会成为空洞的说教,就会失去生命力。随着社会的高度发展,科学世界观的树立,对于科学知识和文化素养的要求也将愈来愈高,因此,我们还要善于学习现代科学文化知识,学习人类创造的和正在创造的文明成果。

4. 科学世界观教育的重要意义

掌握了马克思主义世界观,青年学生就能正确地认识世界,认识人类历史发展的方向,顺应历史发展潮流,对人类做出更大贡献。20世纪以来,自然科学和哲学都有了很大发展,诸如相对论、控制论、量子力学、生物科学、心理学、系统论、信息论等,在其发生发展过程中,都提出了许多哲学问题。这些问题的提出和解决,大大加强了马克思主义的地位,充实了辩证唯物主义,表明了马克思主义确实是客观真理。同时,许多事实证明,离开了马克思主义哲学,很多科学问题也难以解释清楚。掌握了马克思主义哲学这把金钥匙,会有助于青年学生打开一个又一个科学奥秘之门。

(二)人生观教育

青年大学生正处于人生观的形成过程中,高校德育的根本目的之一,就在于使学生能够逐步树立正确的人生观。

1. 人生观的含义

人生观是人们对人生的价值、生活的目的、生活的意义的根本看法和观点,是世界观的重要组成部分之一。人生观主要回答人生的价值、目的是什么,人应该怎样度过自己的一生,应该使自己成为一个什么样的人等问题。此外,它还包括对人的本质、人生的理想、人的价值等理论方面的认识,以及对公与私、生与死、苦与乐、荣与辱、美与丑、恋爱与婚姻等实际问题的看法和态度。

人生观是每个理智健全的人都具有的,只不过有的人意识到,有的人没有意识到,有的人生观科学正确,有的人生观错误荒诞罢了。由于人们所处的社会物质生活条件不同,在阶级社会中的阶级属性不同,政治地位不同,文化素养、生活经历和境遇不同,因而就有各种不同的人生说,从历史和社会生活中考察,主要存在以下几种人生观。

(1)科学人生观

科学人生观也称无产阶级人生观,它以辩证唯物主义和历史唯物主义看待人生,主张从无产阶级和人民大众的利益出发,以集体主义为原则。

(2)享乐主义人生观

享乐主义人生观是剥削阶级利己主义人生观的特殊表现,基本观点是从人的"自然本性"出发,认为人生的目的和意义就在于满足人的物质生活享受,满足生理本能的需要。"人生几何,对酒当歌""今朝有酒今朝醉"等就是享乐主义人生观的典型概括。

（3）悲观厌世主义人生观

悲观厌世主义人生观是对自己的前途丧失信心,对社会发展抱悲观心理所反映出来的一种人生观,这种人生观把世界视为苦海,以为人生充满烦恼,毫无乐趣,因而消极悲观,得过且过,甚至逃避现实,乃至厌世轻生。

（4）实用主义人生观

实用主义人生观认为宇宙的一切都同人类生活的"好处和目的"相联系,毫无规律和客观真理可言。它坚持道德上的主观标准,割裂动机与效果、目的与手段的关系,只看效果不看动机,把"方便""有用"作为人生处事的原则和信条,生命的意义完全是凭个人主观的创造,其价值只在于实用。

（5）拜金主义人生观

拜金主义人生观认为"金钱万能",追求金钱是人生最高目的,把金钱作为衡量人生的尺度。

（6）利己主义人生观

利己主义人生观奉行的原则是"人不为己,天诛地灭",强调个人利益至上,把个人利益看作道德的基础、一切思想行为的出发点和归宿。它认为人的本性是自私的,个人利益是人们行为的唯一动力。

2.人生观的基本内容

（1）人生目的

人生目的是指人究竟为什么活着,这是人生观的根本问题。人生观的进步与落后、崇高与卑微,从根本上说取决于人生目的的不同。一个人的人生目的总是要体现在他的品质和行为之中,马克思主义关于人生目的的解释,强调人生应该认清自己对社会和人民的责任,为人民的利益和社会进步做出贡献。这种人生目的是科学的、进步的,为这个目的而度过的人生是崇高的、壮丽的。

（2）人生态度

人生态度是指人们为了实现一定的人生目的而对现实生活所抱的态度和采取的行动,不同的人生观产生不同的人生态度。无产阶级的人生态度是立足现实、放眼未来,对现实生活持革命乐观主义精神,在认识现实、改造现实的过程中,采取自强不息、积极进取的态度,在实践中,胜不骄、败不馁,"富贵不能淫,贫贱不能移,威武不能屈"。强调要坚定人生态度,在社会实践中不断锻炼自己的品质,完善自己的人格。

（3）人生价值

人生价值反映着人们对各种人生目的和社会行为所具有的意义的认识,也就是指人怎样生活才有价值和意义。人的行为活动在社会生活中总会造成一定的影响,并对社会起到一定的作用与意义。人们总是依据一定的客观标准去评价自己的人生和他人的人生,以便做出正确的评价。

3. 树立人生观的意义

高校中的青年学生正处于人生观逐步形成的关键时期,树立科学的人生观在每个人的人生实践中具有十分重要的意义。

人生观影响和决定着人们对生活、学习、工作、劳动、公私、荣辱等的看法和态度,有了正确的人生观,才能够树立正确的成才观。以唯物史观为基础的科学社会主义表明,只有无产阶级代表着人类历史上最先进的生产力和生产关系,肩负着消灭一切剥削阶级和剥削制度、解放全人类、最终建立共产主义社会的重任。共产主义人生观向人们揭示,一个人的生活、命运和一生的道路,只有同社会历史的发展方向相一致,同广大劳动人民的幸福和整个人类解放联系起来,才是最有价值、最有意义的,离开了社会的客观需要和人民的根本利益,进行主观臆想、"自我设计""自我奋斗"的所谓"成才"之路,是不可能充分发挥个人的聪明才智,成为优秀人才的。

无数事实说明,有了科学的人生观作为人生指航的灯塔,就能选择正确的人生道路,使生命的航船穿云破雾,扬帆远航,否则,就会在生活的激流中无所适从。科学人生观给人以坚定的信念,这种信念一旦确定,就可以转化为巨大的精神力,激励人们锐意进取,勇往直前,而不被任何困难和挫折所吓倒。

由此可见,对于每个人来说,科学人生观如同布帛菽粟一样,是不可须臾离开的东西。正如伟大导师列宁说的那样,对青年来说,我们的主要目的是锻炼严谨的革命人生观,这不仅极大地促进人们相互间关系的进步,而且大大地推动社会主义物质文明和精神文明建设向前发展,所以,在改革开放下,建设有中国特色的社会主义,发展社会主义市场经济,更需要青年大学生树立科学人生观,同时这也是高校德育工作的一项重要任务。

（三）进行马克思主义价值观教育

1. 价值观的含义

价值一般是指主体与客体的关系，即某一事物或对象（客体）对人们（主体）所具有的作用和意义。价值观是人们在其自身的认识水平上，对自身和客观事物意义作用的认识、评价和判断，是指人们对事物有无价值和价值大小的一种认识和评价标准。

由于人对事物的需要的不同，价值可相对区分为物质价值、精神价值和人的价值。物质价值主要指自然价值和经济价值，它们用以满足人的衣、食、住、行等物质需要。精神价值包括知识、道德和审美价值，是指客体对人的精神文化需要的关系。人的价值是指人类在自然界中，个人在社会中的地位、作用和意义。一个人的价值，取决于他能否满足或在多大程度上满足了他人的物质精神需要，一个人对社会做出了一定的贡献，并达到了一定程度的自我完善，他就具备了人的价值，否则，就不具备或不完全具备人的价值。

价值观与世界观、人生观三者既有区别又有联系。世界观是人生观和价值观的基础，从人生观和价值观来说，价值观的范围较大，它包括人生观，人生观也是一种价值。因此，我们所说的价值观，也包含着人生的意义和价值。一个人生活在世界上应当怎样对待人生？怎样确定人生的目的和道路？怎样做人和做什么样的人？什么样的人生应当给予肯定的评价或否定的评价？这些关于人生目的、人生价值和评价的思考，都体现了一定的人生价值观。

马克思主义认为，人生的真正价值在于对社会的贡献或创造。无产阶级的人生价值是要在解放人类的同时解放自己，在为人类创造幸福的斗争中获得个人幸福，并为此贡献自己的一切乃至生命。这种人生价值观是人类历史上迄今为止最科学、最高尚的人生价值观。

2. 人生价值的特点

（1）人的创造性。当一个人在社会生活中做出了某种创造，并获得了社会肯定的评价，他的人生就具有价值的意义，没有创造就没有价值，社会的一切物质财富和精神财富都是这种创造力的结晶，即人生价值的物化表现。

（2）人既是价值物的创造者，又是价值物的享受者和消费者。人既是目的又是手段，有所创造和有所贡献才能实现享受和消费。

（3）不同的人有不同的人生价值，这种不同表现为价值量的差别。

（4）具有社会需求性和阶级性。一个人的生活目的和道德行为符合社会和社会成员的需要，社会就承认其行为的价值，不符合社会需要就没有价值。

3.判断人生价值的标准

不同时代、不同的阶级和不同的人们有不同的人生价值观。由于人们所处时代、社会地位、社会实践、社会需要的不同，人们衡量人生价值的标准也各不相同。封建地主阶级的衡量标准是等级和地位。资产阶级的衡量标准是金钱。无产阶级的衡量标准不是以个人主观要求而定，而是以一种客观的尺度，即对社会物质方面和精神方面的贡献为尺度。

无产阶级、社会主义的人生价值观在个人和社会关系问题上表现为两个方面：一是社会对个人的尊重和满足，二是个人对社会的责任和贡献。在中国特色社会主义条件下，不能只从社会给予个人这方面来谈人生价值。而应着重从个人对社会的责任和贡献来评价一个人的价值。个人对社会的责任和贡献是实现人生价值的基础和源泉，处于首要地位，因而要提倡个人为社会和集体事业的贡献精神。

马克思主义人生价值观在于对社会的贡献，因为个人对社会的贡献是社会存在和发展的客观需要，是人生价值的基本标志，体现了人生价值的高尚性。作为当代青年学生，在对待人生价值观问题上，应树立以人民利益、国家利益、民族利益高于个人利益的集体主义价值观。

4.坚持正确的价值导向

树立马克思主义价值观还要正确处理几个方面的关系，包括正确处理为自己与为他人的关系；物质贡献和精神贡献的关系；金钱与人生价值的关系等。马克思主义人生价值观反对"主观为自己、客观为别人"的准则衡量一个人的人生价值，既要看他在物质方面对社会所做的贡献，又要注重他在精神方面、思想道德方面对社会的贡献。在社会主义市场经济条件下，由于金钱在商品交往中的地位，它对人们的人生价值观产生着重要影响。但也应该看到，金钱不是人生的全部内容，不是人生价值观的决定因素。有很多东西如崇高的理想、信念，事业的成功，真挚的友谊,健康的体魄等是金钱买不到的。在现实社会中提倡和鼓励人们用正当的、合法的手段获得金钱,反对"金钱万能""一切向钱看",把金钱与幸福画等号的错误金钱观。

作为当代青年大学生,还应该坚持集体主义价值导向,正确理解和处理个人与国家、集体、社会之间的关系。一个人只有具备了集体主义思想,才能具有高尚的情操和良好的社会公德,才能坚持崇高的民族气节和高度的民族自尊心、自信心和自豪感。要求每个青年学生做到心中有国家、有集体、有他人,反对利己主义思想和行为,与损害国家、集体利益的言行作斗争。

第二节　高校德育工作的方法

一、教书育人、管理育人、服务育人

教师、管理干部和后勤职工,这三者构成了高校教师的全部,也是对高校全体工作人员依据其工作性质所进行的简单分类。在高校德育工作中,就要始终贯彻"全员育人"的大德育观,根据教书、管理和后勤服务不同的职业特点,充分发挥各自优势,以达到育人的最佳效果。多年来的实践证明,教书育人、管理育人、服务育人,这是一项全方位的行之有效的育人措施,体现着社会主义的教育特色,是新形势下需要继续坚持和发展的教育措施和途径。

（一）教书育人

教书育人是指专业课教师既要对学生传播科学文化知识,又要进行德育教育,使学生在学习科学文化知识的同时也习得做人的道理,成为德才兼备的人才。教书育人是教师忠诚党的教育事业的具体表现,同时也是人民教师的职责和应尽的义务。

1. 教书育人是教师的神圣职责

教书育人反映了教学过程的客观规律,自古以来,教师都肩负着既教书又育人的重任。唐代散文学家韩愈在其《师说》中曾说:"师者,所以传道、授业、解惑也。"其中的"传道"即是指传播一定的思想观点、道德观念、行动规范。

在向学生传授知识的同时,也必然会以一定的思想观念教育和影响学生,因而,教师一直被誉为"人类灵魂的工程师。"教育学理论的研究也认为,教学必然起着育人的作用。在教师所教的知识中,在教师传授知识的过程中,在教师平日的言行中,都对学生的整个身心、整个精神面貌和思想体系起着重要的作用。中外许多教育家早已看到了教书育人的内在必然联系。德国教育家赫尔巴特认为,没有"无教学的教育",也不存在"无教育的教学",教学与思想教育是统一的过程。苏联著名教育家苏霍姆林斯基也认为"知识教学对形成精神世界起着重要作用"。可见教书与育人是不可分割的、紧密联系的有机整体,也是高校教师的神圣职责。

长期以来,高校广大教师忠诚党的教育事业,自觉认识和遵循教育规律,在德育工作中做出了不可磨灭的贡献。在改革开放和建立社会主义市场经济体制的新时期,社会对高校培养人才的德育素质提出了更高更严的要求,这就必然要求高校教师进一步发扬教书育人的光荣传统,牢固树立对学生全面发展负责的思想,在高校德育工作中切实发挥主体作用。

2. 教师参与德育工作的独特优势

教师在和学生接触中,便于通过自己的言行举止潜移默化地影响和教育学生,在学生中发挥表率作用。而且,这些教育有理有据,具有很强的说服力和感染力,能够取得较好的教育效果。

3. 教书育人的基本要求

第一,广大教师要把自己的教学工作搞好。精通业务、学术水平高、教学效果好的教师,在学生中享有威信,能够获得学生的尊敬和信任,对学生所提的教育要求,也能够渗入学生的心灵和行动中,达到预期效果。一个教学效果很差的教师,很难想象他的德育教育会受到学生的欢迎。

第二,要加强教师队伍建设。坚持教育者必先受教育的原则,引导广大教师不断加强师德修养。孔子说过"其身正,不令而行,其身不正,虽令不从"。所以广大教师除了要有丰富的学识、引人入胜的教学技巧外,还必须不断提高政治素质和道德品质,要具备严谨的治学态度和实事求是、开拓创新的精神,严于律己,注重身教,处处为学生作出榜样,真正做到为人师表。

第三,要研究教书育人的有效方法。一是可以通过课堂教学,把思想教育与专业知识有机地融合,在学生的专业学习中进行德育教育;二是可以通过开设选修课,拓宽学生的知识面,把德育和知识教育结合起来;三是可以通过积极开展校园文化体育活动,发展学生兴趣,陶冶情操,把课内教育与课外教育结合;四是可以通过关心学生、爱护学生,把德育与解决实际问题结合起来,做学生的良师益友。

(二)管理育人

大学是培养人才的摇篮,其各种管理工作都是一种特殊的教育手段,具有特定的教育意义。管理也是教育,这是教育学的一条重要原理。管理育人即指党政部门的工作人员通过管理对学生进行的德育工作。学生的科学世界观、人生观的树立、良好的思想品德和行为习惯的养成,既要靠教育也要靠管理。没有教育的管理是简单粗暴的,没有管理的教育是软弱无力的,二者要紧密结合,其关系是辩证统一的。

高校的管理干部队伍分布在学校的各个领域,承担着从教学管理到生活管理等一系列直接或间接的育人工作,对德育起着举足轻重的影响。没有这支队伍,高校的整个工作就无法正常运转,更谈不上德育的实施。随着科学技术的迅速发展和管理手段的现代化,管理干部掌握的信息大量增加,这支队伍在育人中的作用显得愈加突出和重要。

1. 管理干部队伍在教育中的作用

管理干部队伍在德育工作的每个环节都起着重要的作用,其中最突出的有以下两点。

第一,为德育实践创造必要的条件。高校管理干部队伍包括学校的全体行政干部和党群系统的所有干部。这支队伍人数众多,人员遍及学校上上下下,构成一个纵横交错、结构严谨的管理体系。每一个管理干部都在这个体系的不同岗位上履行着各自的职责,保证学校的社会主义方向,使党的方针政策在学校得以贯彻执行,保障学校整个管理系统的正常运转,为教学、科研和一切育人活动服务,使学校各项工作有条不紊地进行,这是实践德育工作必不可少的条件,它能使德育工作在良好的秩序下有计划、有组织地进行,取得应有效果。

第二,直接履行育人职能。这主要表现在:一是在管理工作过程中,通过宣传、贯彻党的路线、方针、政策和国家的法律法规,对学生进行德育教育;二是通过制定和贯彻规章制度,树立先进典型,处理违纪行为,教育学生追求政治思想进步,勤奋学习,刻苦锻炼,争取德、智、体全面发展,自觉摒弃各种错误思想和不良行为,从而达到规范和指导学生行为的目的;三是通过认真负责的工作精神和严谨踏实的工作作风,当好学生的表率,对学生进行言传身教,使学生受到积极的感染和熏陶。

2. 管理干部队伍应当具备的基本素质

高校管理干部队伍担负着贯彻党的路线、方针、政策的重要责任,是学校规章制度的直接制定者和具体执行者。这支队伍的素质如何,直接决定着学校的办学方向和管理水平,影响着德育的质量。因此,所有管理干部都必须具备良好的基本素质。

第一,要有良好的思想政治素质。认真贯彻执行党的路线、方针、政策,严格遵守国家的法律、法规和学校的规章制度,要有坚定的政治信念和坚实的马克思主义基础理论,要坚持党的基本路线和实事求是的思想路线,要能够坚持社会主义的办学方向。

第二,要有高尚的道德素质。要有马克思主义的伦理道德、社会主义道德和中华民族的传统美德,忠诚党的教育事业、热爱本职工作,有强烈的事业心和责任感,能顾全大局,廉洁奉公,先人后己。

第三,要有优秀的科学文化素质。适应社会发展的需要,管理干部必须具备优秀的科学文化素质,要有精深的专业知识、坚实的基础知识和广博的相关知识,并具备融会贯通的本领,否则,管理者难以胜任领导重任。

第四,要有较强的能力素质。能力素质包括科学的决策能力、语言文字表达能力、组织协调能力、开拓创新能力,这是新时期对管理干部的特定要求,也是干部必备的素质。

具备了上述素质,才可能使管理工作摆脱凭经验、感情决策的套路,才能完整、准确、明白地表达意图，才能协调好上下左右方方面面的关系，为管理工作创造良好的外部环境，同时，也为工作的创新、进取打下良好的基础。

3. 对管理育人的基本要求

充分发挥管理干部在育人中的作用，是加强和改进大学德育工作、保证人才培养质量的重要途径。大学各级领导应当加强对干部队伍育人工作的指导，通过必要的思想教育和政策导向，鼓励和支持广大管理干部积极投身于德育工作。

第一，要加强对管理干部队伍的教育和培养，不断提高管理者的政治和业务素质。高校党政领导要认真抓好管理干部队伍的培养和提高，组织人事部门和理论宣传部门将管理干部的政治理论学习和业务知识培训列入计划；要坚决克服对管理干部只强调使用、不注意培养的错误倾向；要采取请进来、送出去、集中培训、个别指导等多种途径和方法，大力支持管理干部学习先进管理经验和现代管理知识，使管理干部开阔视野，提高管理水平，更好地适应新形势下大学德育工作的需要。

第二，要加强管理干部队伍的思想和作风建设。管理干部队伍是学校整个管理体制的载体，其思想水平和工作作风如何，直接影响着育人工作的质量。对管理干部来说，要加强道德修养，"修身齐家治国平天下"先自修身始，以高尚的道德情操形成完美的人格，要严明纪律，自重、自省、自警、自励，加强党性锻炼，树立全局观念。通过加强管理干部的思想和作风建设，促使他们坚持做到廉洁自律、克己奉公、任劳任怨，并以自己的模范行为教育和影响学生，为学生树立榜样。

第三，认真落实有关政策，充分调动管理干部队伍从事育人工作的积极性。目前，高校在岗的管理干部特别是基层管理干部，有相当一部分是近几年的应届毕业生。这些同志热情高，能力强，朝气蓬勃，意气风发，但他们也有一些后顾之忧，担心在专业上落伍，在职称评聘等方面未享受到应有的待遇。高校各级领导要在管好用好中青年管理干部的同时，更多地给予青年管理干部以关心和支持，在政策允许的情况下，尽可能地创造条件，帮他们解除后顾之忧，使他们安心本职工作，为培养合格人才贡献自己的聪明才智。

（三）服务育人

服务育人是指学校后勤职工通过服务工作对学生进行的德育教育。后勤部门的职工是学校能够正常运转、实现培养目标不可缺少的力量。在高校德育网络中，后勤服务是德育的窗口，后勤职工通过自己的优质服务、文明风尚、模范行为影响学生，在对学生就餐、宿舍管理、用水、用电等情况认真探索的基础上掌握学生的心理，从而对学生进行爱护学校公物、艰苦朴素、勤俭节约、热爱集体、文明礼貌等思想教育，把德育渗透在优质服务中。

1. 后勤服务育人的特点

从事后勤服务的职工队伍在高等学校是一个人数仅次于教师队伍的庞大体系，包括总务、医疗、保卫、图书馆等工作人员。后勤育人的基本特点如下。

第一，为教学、科研和德育工作提供保障，即间接育人。服务队伍的部分工作人员并不直接与学生接触，其主要职责是：通过自己的辛勤工作，为教师、干部及其他工作人员和学生创造良好的工作、学习和生活条件，使学校的各项工作得以顺利进行。他们是德育工作的"幕后英雄"，没有他们默默无闻的奉献，整个学校的工作就难以正常运转，也不可能卓有成效地进行育人工作。

第二，直接在为学生服务中影响和教育学生。相当一部分的后勤职工处在服务的第一线，与学生接触较多，其工作态度、服务质量都会对学生产生直接的影响。一些工作热情主动、技术熟练、举止文雅、和蔼可亲的工作人员会受到学生的尊敬和爱戴，成为学生学习的对象。他们以自己的模范行为去影响学生，往往会比其他形式的教育更为奏效。

2. 后勤服务队伍的素质要求

高校后勤服务队伍作为德育工作的重要力量，应当具有以下基本素质。

（1）较高的政治思想觉悟。拥护党的现行路线、方针和政策，忠诚党的教育事业，热爱本职工作，树立全心全意为教学、科研和广大师生员工生活服务的思想，视学生如亲人，主动帮助学生解决学习、生活中遇到的问题，以自己高尚的思想情操和道德品质感染和熏陶学生。

（2）优良的工作作风。对工作勤勤恳恳，任劳任怨，能够秉公照章办事,廉洁奉公,讲究办事效率,对于师生要求解决的问题要给予足够重视,有条件做到的及时帮助解决;暂时没有条件解决的,能耐心做好解释工作,一旦条件具备,立即予以解决。

（3）过硬的服务本领。熟悉本行业的工作特点和规律,具备从事本职业所需要的知识和技能,对工作精益求精;能运用学校现有的物质条件,最大限度地满足师生工作、生活和学习需要。

3.服务育人的基本要求

要充分发挥服务在育人中的作用,应当重视加强对这一工作的领导,进一步调动全体后勤工作人员服务育人的积极性。

第一,加强思想教育,增强后勤服务队伍育人的自觉性。多年来,广大后勤工作人员献身党的教育事业,在自己平凡的工作岗位上为培养一批又一批德才兼备的社会主义新型人才洒下了辛勤的汗水。但是还应该看到,一些消极落后的思想观念仍在影响着这支队伍的部分工作人员,尤其是青年职工。服务工作往往还被某些人视为没有出息的职业,致使一些后勤工作人员不安心自己的工作,更谈不上服务育人。因此,必须重视加强对后勤工作人员特别是青年职工的思想教育,帮助他们增强工作责任感和荣誉感,牢固树立服务育人观念,在德育网络中发挥应有的作用。

第二,加强业务培训,提高后勤服务育人的实际能力。随着高教事业的迅速发展,高校后勤服务队伍也不断壮大。一方面,后勤部门逐渐增多,后勤分工越来越细,专业化程度越来越高;另一方面大批新的工作人员加入后勤服务队伍,既为这支队伍注入了新鲜血液,也使后勤队伍的整体素质受到一定的影响。必须采取一些行之有效的措施,坚持经常抓好后勤服务队伍的业务培训,通过老同志传带带、岗位练兵、学习现代科技知识等多种形式,促使这支队伍不断结合本职工作育人的能力。

第三,加强监督考核,使服务育人制度化。学校及有关部门领导应将后勤服务育人工作列入议事日程,抓督促检查,抓典型,总结经验,建立制度;大力表彰和奖励在服务育人工作中做出突出成绩的人员,热情关心后勤工作人员的学习和生活,帮助他们解决实际问题,调动其服务育人的积极性,努力在后勤服务队伍中形成服务育人的浓厚风气。

二、有的放矢，对症下药

丰富多彩的德育内容，必须借助于适当的方法，而方法是根据教育的内容和对象来确定的。在高校德育工作中，教育的客体是有知识、有理想、思想活跃、思维敏捷的青年大学生。由于国内外政治、经济、军事、文化、科技的迅速发展，要使学生能够顺利接受教育内容，坚定信心，更新观念，成为一名合格人才，就必须按照青年学生教育的规律和原则，运用正确的方法进行相应的教育，从而达到教育目的。

（一）灌输德育法

青年学生虽然有知识、有文化，但他们的马克思主义理论水平、运用马克思主义分析、解决问题的能力以及思想修养标准与时代的要求还有一定差距。实践证明，青年学生不可能自发地产生马克思主义思想，也不可能自发产生抵御非马克思主义思潮和"西化""分化"图谋的能力，对他们必须进行马克思主义基本理论和党的路线、方针、政策的灌输。但灌输教育不是强制教育，也不能错误地认为是迫使学生去接触某种政治观点和政治立场，而必须采取灵活多样的形式，以达到实际效果。灌输一般有他人灌输、自我灌输、普遍灌输、个别灌输、形象化灌输、启发式灌输等。进行灌输教育时，要注意以下几点。

1. 要注意渐进性

在灌输过程中，要由浅入深，由表及里，避免急于求成。要针对学生的某些困惑，采取摆事实、讲道理的方法，使青年学生对有关信息的输入认真消化，逐步提高认识能力。

2. 要注意情感性

情感需要是人的基本需要。因此，灌输时口气友善谦和，姿势亲切自然，内容深入浅出，语言简洁精练，双方情感交融在一起，灌输内容才会被真正感知和接受。

3. 要注意竞争性

青年学生具有较强的竞争心理。因此，要设法造成竞争的环境，激发学生对灌输内容的兴趣，使青年学生在不认为是灌输的良好心境中接受灌输，以提高灌输的成效。

（二）疏导教育法

1. 理论疏导

青年学生思维敏捷活跃，通情达理。德育工作者在解决青年学生的思想问题时，必须坚持理论联系实际的原则，针对具体人的具体思想和表现，采取辨事明理法、类比推论法、正说反议法、深入浅出法、民主讨论法等，有效地澄清学生思想上的模糊认识，使其在无可辩驳的事实和真理前心悦诚服。

2. 感化疏导

教育者要从关怀、理解教育对象入手，通过激情感染、理解关注、排忧解难等方法，打动对方的心灵，"精诚所至，金石为开"，这正是感化疏导的高度概括。

3. 启示疏导

由于大学生的阅历和所处的家庭环境不同，认识问题的出发点和思维的方法也不尽相同，因此，一些学生在思维过程中就会出现不同程度的思考不周、思绪紊乱、思路阻塞等问题。认识上的错误必然导致行动上的错误。对这些问题，教育者要根据不同情况，通过抛砖引玉、类推诱导、知识启迪、反思启示等方法，去打开受教育者思维的大门，把自己论说的道理变为他们自己的个人理解，转化为自发的觉悟，由此而使被教育者的认识日益全面，思考日趋成熟。

4. 美育疏导

爱美之心，人皆有之。教育者要维护和理解青年学生的爱美心理，不断对他们实施艺术美育、自然美育、社会美育等方面的教育引导，引导他们从观赏自然美到追求社会美，从欣赏艺术的形式美到重视艺术的内容美，从注意外表美到注重心灵美，从保持个人美到爱护集体美，逐步培养他们正确的审美观，纠正错误的审美意识，使他们按照美的规律来塑造自己，争做语言美、行为美的新一代。

（三）典型示范法

运用典型示范法要注意以下问题。

1. 总结推广先进要注意实事求是

总结经验，要找出已有的而不是臆造出来的规律性，要分寸得当，富有余地，不要说"过头话"，不要人为"拔高"，这样的典型才有真正的生命力。

2. 宣传典型，要有一定的声势

要向大学生提出明确的学习目的和内容，端正向典型学习的态度，克服一些"不服气"的思想，虚心学习典型的优点和长处，扩大典型的宣传教育作用。

3. 推广典型切忌强迫命令

学习典型要结合实际情况，不能简单地照抄照搬，更不能"一刀切"。否则，不仅不会收到好的效果，反而会影响青年学生的思想和学习。同时还可以抓住有典型教育意义的反面典型现身说法，以切身教训教育大学生，使其引以为戒，不再犯同样的错误。

（四）思想品德评价法

进行思想品德评价，可以采用多种形式，如评优表扬先进、精神鼓励、物质奖励、正面教育、批评帮助、违纪处分和综合测评等。

评优表先，是对学生的思想认识、道德行为进行纵横两个方面的对比和评价，从中筛选出先进进行表扬，以教育全体学生。

精神鼓励必须与物质奖励相结合。精神鼓励只是对学生的思想行为进行正面的肯定，并给予必要的荣誉和称号，从精神上给人以鼓舞；还要给予物质奖励，充分调动学生的积极性。

正面教育必须同批评帮助相结合，并把二者统一起来。正面教育，是充分对学生的思想行为给予正面的评价，认识到学生的主流是积极向上的，并善于在他们身上寻找闪光点。但大学生思想行为上也会有一些消极因素，对此必须进行批评，指出存在的问题，分析问题的根源，提出改正的办法，指明努力的目标，帮助学生完善自己。处分，是对学生严重的不良思想行为所采取的必要措施。

综合测评是近几年来在学生德育实践中不断完善和充实的一种评价方法,是对学生在某一时期学习、工作、思想认识、政治态度、道德行为进行全面的评价,是为了帮助学生总结经验、发扬成绩、分析教育、克服不足,不断取得进步。综合测评不仅是在现象和数量上给予严格的界定,而且在质的方面也给定了量化的标准和原则,使高校的德育工作具体化。

第三节　高校德育工作的实践

一、大学生德育实践的缘起

大学生的德育实践缘起于知识分子与工农相结合的实践。革命战争时期,中国共产党就十分重视对青年学生的实践锻炼与教育,早在中国共产党成立前后,一批有觉悟的优秀青年知识分子,为了救亡图存,唤醒民众,纷纷走出书斋,深入社会,最早投入与工农结合的实践中。

以毛泽东为首的中国共产党人就是其中的典型代表。毛泽东同志在湖南省立高等师范学校就读时,就意识到"闭门求学、其学无用,欲求天下国家万事万物而学之,则汗漫九垓,遍游四宇,尚已",从而确立了向社会实践探求学问的人生目标。学生时代的毛泽东经常利用寒暑假,穿着草鞋,背着包袱、雨伞,漫游农村、城镇,了解农民、工人的疾苦,领略社会风土人情,正如后来毛泽东自己所说,频繁的社会调查实践不仅锻炼了筋骨,知晓了许多过去不曾知道的事,而且促使其在政治上迅速成熟起来。

革命战争年代,大批青年学生投身国内的革命斗争,致力于国民革命的事业,直接深入工农群众中,了解中国国情,关心群众疾苦,寻找革命办法。在"苏区"、延安抗大、军政大学、鲁迅艺术学院等革命院校,许多学员经常利用课余时间到延安附近的农村以及抗日前线去进行社会实践,目的是通过实践学会应用马克思主义的理论方法,找到解决中国问题的具体方法。

1946年，毛泽东同志还亲自把他从苏联留学归国的长子毛岸英同志送到延安的农民家中，拜农民为师，参加农业生产劳动。毛泽东语重心长地对毛岸英说："你虽然在外国的大学毕业了，但中国的劳动大学还没毕业，还应到中国的劳动大学去学习。"毛泽东同志对儿子的期望实际上也是我们党对广大青年知识分子的期望。

新中国成立后，我们党确立了"教育要为无产阶级政治服务，与生产劳动相结合"的教育方针，德育实践被列为教学内容，要求大中专学校的学生都要参加生产劳动和实践锻炼，开展学工、学农、学军活动。在党中央和毛泽东同志的倡导下，包括大学生在内的大批知识青年纷纷投身到工厂、农村的社会实践中去，自觉地走与工农相结合的道路，在社会主义革命和建设中做出了可喜的成绩。

二、大学生德育实践课的特点

（一）目的性明确

德育实践课的开设有着很强的目的性。它是以学生思想道德素质的发展为中心，为促进青年学生综合素质的全面提高而设置的正式课程，是每一个学生必须完成的教学计划，目的是促进学科德育课程的原理进一步内化为青年学生的信仰、信念和信心，从而完成科学人生观、价值观的塑造。

（二）参与性强烈

既然是实践课，毫无疑问，实践参与性强是其突出特点。一方面，它以实践活动为载体，无论是社会调查、参观考察、军事训练、劳动锻炼，还是科技服务、科技活动等，都要通过眼、耳、手、脑并用来进行。要通过观察、询问、动手操作及实验等环节来获取知识，学习技术，取得经验。另一方面，它又非常强调人在实践活动中的主体性，要求学生充分发挥自己的主观能动性，在实践参与中学会思考、总结，形成自己的直接经验。

（三）探索性明显

德育实践课涉及的内容和范围很广，但主体内容主要是社会调查和课外科技活动，而这两项活动都是广泛地采用"亲自获取知识"的发现法组织活动,鼓励学生就社会生活和自然界中的各种问题质疑问难,活动过程始终洋溢着钻研好学的精神,充满着探索性。无论是社会调查还是科技活动,每进行一项调查,完成一项实验,制作一件作品,取得一项数据,提出一个结论,撰写一篇论文或调查报告,都是在接触实际、了解社会的实践过程中取得的,是通过独立思考、缜密研究、互相切磋和诚实劳动后获得的。他们所做的一切,本质上都是与科学家相类似的创造性的劳动。

当然,对于大学生来说,探索和创造并不等于科学发现,多数情况往往表现为对原有学习水平的突破,其可贵之处在于他们在实践过程中表现出的勇于认识新事物、提出新问题、想出新办法、创造新产品或新作品的探索精神。社会实践作为学生智力生活的策源地,给学生的思想增添了真正的创造性。当然,既然是探索,就有成功和失败两种可能性。在探索过程中,大学生既可能享受成功的满足与欢乐,也可能经历失败的痛苦和煎熬。

（四）综合性突出

相对于学科德育课程的分科教育显得相对狭窄的特点而言,德育实践课具有明显的综合性,这是因为实践课必须以学生活动为中心来构建各个教育环节,因而其内容、形式和方法都具有综合性的特点。从内容看,这门课特别强调课程的综合经验,学生在实践中接受的教育是多方面的。既是德、智、体、美的综合训练,也是专业知识与人生体验的综合实践,是一种知、情、意、行的综合过程。

从形式看,德育实践课特别强调两个重要环节:一是学生参与做的过程,另一个则是思考、总结、提炼形成成果的过程。两个环节是一个统一的过程,二者相辅相成、相互衔接。没有实践参与的过程,就不可能有深刻的体会和体验,而没有实践之后的总结、提炼,实践参与就很容易流于形式,也难得到实实在在的提高。再从方式方法看,无论是社会调查还是科技活动,都是一个综合运用的过程。

因为任何方案的设计,任何实际问题的解决,都必然要涉及多学科的横向联系和各种知识的综合运用。即使是一般性的调查或选题研究活动,都要从收集文献资料做起,历经调查、分析、计算、研究,直到得出结论、撰写成文等。其间每逢遇到困难,又都要独立思考,反复实践,甚至拜师求教,直到找出解决问题的方法为止。每完成一个课题,不但学会了掌握某个方面较为系统的知识,也经受了一次进行科学研究的综合性训练。

总之,德育实践课的综合性不仅表现在知识的综合运用和技能的综合培养上,也表现在大学生的观察、记忆、想象、思维等智力因素得到全面的锻炼和提高上,而且还表现在它能融德育与体育于一体、寓德育于学习中、寓德育于活动中,从而使大学生的思想道德水平和各项智力因素得到全面发展。

三、大学生德育实践课的作用

(一)帮助大学生正确认识社会

大学生德育实践课为大学生正确认识社会,坚定建设中国特色社会主义的信仰、信念和信心提供了合适的道路。认识世界和改造世界是人们生活在世界上的两件大事。而要改造世界,首先必须认识世界。同样,建设中国特色社会主义,首先要科学地认识我们的国情,了解我们所处的社会。只有这样,才能坚定建设中国特色社会主义的信仰、信念和信心,才能更好地以实际行动投身社会,为社会为人民多做贡献。认识世界包括认识自然界和认识社会。自然界的现象可以通过实验、观测,利用一定的工具和手段去认识和获得。而认识社会,主要通过社会实践,到实践中去观察、了解、认识和体验。

21世纪的大学生见证了改革开放多年的风雨历程,但他们对过去的历史了解不多,对国家的国情了解不多,对社会的认识大多数是从其现存的生活环境角度去了解,因而缺乏全面接触社会的政治生活和经济生活领域的机会。德育实践课的开设,将社会调查、参观考察作为一项重要的教学内容,在德育教师的指导下进行科学观察和分析思考,这就为他们全面了解中国城乡的政治经济生活提供了一个合适的通道。

(二)帮助大学生内化人生理念

大学生德育实践课为大学生通过自我教育,内化人生理念,确立科学的世界观、人生观和价值观开辟了一条新途径。青年学生由于自身阅历的不足,往往过高地评价自我,主要原因是他们缺乏社会阅历,不知道自己在社会中的位置,而这恰恰是影响他们成长的主要障碍。德育实践课最突出的作用就在于它能让学生通过社会实践去体验生活的艰辛、体会生活的奥秘、体悟学科德育课程中学过的原理,找准自己的位置,从而将科学的人生理念内化为自己的世界观、人生观和价值观。

事实上,一个人的世界观、人生观和价值观的形成不是一朝一夕完成的,而是无数个人生理念逐步确立和形成的过程,科学的实践参与使他们有机会去体验和体悟,而体悟的过程实际上就是消化和内化的过程,是大学生个体自我再认识、再评价、再教育的过程。

大学生通过德育实践,通过亲身的感受,才能真正理解什么是责任、奉献,什么是艰苦奋斗、开拓进取的真正内涵,也才能真正认识自我,找到实实在在的感觉,找到自己的缺点与不足,从而把过高的自我调整到实实在在的位置,也才能实实在在地去认识社会、剖析现实,找到改造客观世界、解决现实问题的根本办法。原因就在于参与实践就一定要同社会最基层的工人、农民打交道,而在工人、农民身上蕴藏着中华民族博大情操的精神内涵,它是青年学生成长的精神源泉和不竭动力。

只有通过社会实践,深入工农群众中,才能知道他们的愿望、要求,才能真正体验到工农群众的思想感情,才能认识到他们的根本利益所在,也才能真正地理解他们,乐意帮助他们,并热情地为他们服务,从而将丰富的社会生活体验内化为自身的行为和品格。例如,广东的大学生在看到粤北山区的落后状况时,说:“我们没有资格去抱怨这个,抱怨那个,作为当代大学生,应责无旁贷地负起建设山区的责任,为祖国的富强贡献自己的聪明才智。”

(三)帮助大学生实现自己的人生价值

大学生德育实践课为大学生积极参与社会主义现代化建设,实现自己的人生价值提供了现实的见习舞台。参与性强是当代大学生的一个主要特点,表现为对社会快速变化的敏感性和紧迫感强烈,积极要求参与社会的发展,在实践中施展自己的才干,但由于缺乏经验又无人指导,往往不知从何下手,因而自发的实践很容易给涉世不深的学生造成一定的盲目性。德育实践课中有组织学生参加青年志愿者活动、开展科技服务的内容,这就为青年学生提供了一个很好的见习舞台,还使共青团利用假期组织的社会实践活动能做到时间落实、指导落实、任务落实。

大学生在参与服务社会的过程中,不仅能亲身体会到社会对知识的渴求,对人才的重视,对学生的期望,从而激发起强烈的事业心、奉献心和责任心,而且使他们能把自己学到的书本知识与自己的理想追求和中国的现实需要结合起来,找到未来事业的落脚点和结合点,并在力所能及的范围内,为推进社会的进步和工农业生产的发展做出自己的贡献,真正实现社会实践活动"受教育、长才干、做贡献"的目的。事实上,很多大学生通过社会实践为国家、为社会做了许多有益的工作。

(四)有助于增强大学生的综合素质

大学生德育实践课有助于增强大学生的综合素质,为大学生快速优质成才打下良好的基础加强。高校的实践教学是高校教育的一项改革和发展,它为大学生的成才创造了有利的条件。

(1)通过实践活动,让大学生了解社会、了解工农、了解中国的现实,能够促进大学生政治上的成熟与发展,也能使他们感受到社会对人才、对知识的渴求,从而激发学习热情,促进大学生业务上的成熟与发展;通过实践活动,还能够缩短学校与社会的距离,认清自己的社会位置,积累一定的社会经验,促进大学生做好进入社会的心理、思想、生活和就业的准备,做好"角色"的转换,从而加速社会化的进程。

(2)有利于开发大学生的潜能,促使大学中出成果、出人才。大学生正处在成长发育阶段,朝气蓬勃,精力充沛,喜爱参加各种各样的活动,但如果不会科学用脑,造成大脑过度紧张,精神过度匮乏,记忆力、理解力都会减退,甚至导致头痛、健忘、失眠等症状发生。开设德育实践课,引导学生参加科技开发、科技服务或社会调查,利用课余时间查查文献,翻翻杂志,做点实验,讨论些问题,可以消除上课的疲劳,恢复精力,使大脑保持最佳状态,也有利于提高记忆力和理解力,有利于培养学生的学习兴趣,促进人的智能改善。

(3)通过开设德育实践课,引导学生参加社会实践,有助于发展学生的个性,培养大学生的组织能力、合作能力和交往能力。现代科学技术具有较高的综合性、交叉性,有许多比较重大的研究课程,一个人是无能为力的,需要组织一个包括不同知识结构的人的集体,为了一个共同的目的和任务,分工协作,也要求主持者要有一定的组织管理能力和公关协调能力。在校大学生多数人从来没做过这种工作,一开始都不太适应,通过德育实践课的开设,由老师引路,学生自己在实践中琢磨、体会,学习交往,学习管理,学习协调矛盾,既解决了问题,又积累了经验。

四、大学生德育实践的实施

（一）大学生德育实践的实施途径

大学生德育实践的组织和实施，主要通过以下四个途径：学校组织实施、学生自由组合实施、学生社团组织实施和个人分散实施等。

1. 学校组织实施

凡全校性的德育实践活动一般都由学校有关部门有组织、有计划地进行，如军训、社会调查、生产劳动及暑期社会实践等。

（1）军训

军训作为大学生学习解放军、强化意志和组织纪律训练的德育实践活动，20 世纪 90 年代后在我国的大中学校全面推广。一般在新生入校后进行，时间为半个月到 1 个月左右，通常由学校直接领导，教务处、学生处组织实施，解放军或武警部队派出官兵指导，列入教学计划。这项活动很受学生欢迎，效果明显。

（2）生产劳动

作为学工、学农的一项德育实践活动，早在新中国成立后就列入了大中学校的教学计划，目前已形成了制度，通常由学校各院系根据专业的需要安排，时间 3 ~ 5 周不等，具体工作由院系列入教学计划，班主任具体组织实施。这项活动对于强化学生的劳动观念，增强与工农群众的思想感情有明显的效果。

（3）社会调查

社会调查原先主要是文科专业的一项实践活动，后来许多高校把它作为大学生必备的德育实践列入教学计划。

（4）暑期社会实践

通常由学校团委或院系党团组织负责实施，分为点、面两种形式。面的形式由各院系实施，实际是学生个人分散回乡实践。点的形式一般是由学校团委或院系组织，受经费限制，参加的人数不能太多，多以小分队的形式组织。由于经费、地点、任务相对有保证，且有专业教师或领导带队，参加实践的对象又主要是学生骨干，因而比较好组织，成效也明显。

2. 学生自由组合实施

由学生自由组合实施的德育实践活动主要有科技活动、假期社会实践和勤工助学三种类型。

（1）自由组合式的假期社会实践

大学生的暑期社会实践除了学校组织以外,大部分是学生自己返乡实践,而返乡的实践活动有两种类型:一种是由学校的党团组织出面,将同一县市的同学组成临时实践小组,指定一名同学负责,按照学校给定的题目组织调查,或在当地团组织的指导下,开展为当地经济建设与社会发展的科技服务。这种办法简单易行,省钱省事,只要在出发前,对负责人培训一番即可。但这种活动能否有成效,除了当地政府部门或基层组织的配合外,主要取决于临时负责人的组织能力与社交能力。如果这个同学胆子大,能力强,加上本人认真负责,对社会实践的意义理解深刻,就能使社会实践取得好的成效。反之,若临时负责人不具备上述条件,就有可能造成群龙无首的状态,导致社会实践流于形式,达不到效果。因此,骨干的挑选与培训十分重要。由于大多数临时实践小组的负责同学不得力,上述做法在很多学校无法取得成功,但这种做法却衍生出一种新的形式,即由学生自由组合的实践形式。通常由一名同学发起,几个同学参与,这种自由组合由于参与成员有共同的志趣,有合作的基础,也容易出成效。

（2）自由组合式的科技活动

这种活动同自由组合的社会调查小组大体上是一样的,主要是由兴趣相同的同学组成学术研究小组或技术创新活动小组。活动的内容一般是对本专业领域里的问题进行深入的钻研,包括阅读有关的书籍和资料,在实验室进行实验或到社会上开展调查和专题研究等,在课内研究知识和技能的基础上向深度和广度发展。

（3）自由组合式的勤工助学活动

这种活动主要是由相互要好的同学组成,如广州许多高校的学生就常常组成这种形式,利用双休日或假期到各公司、厂家帮助搞推销或做家教。

上述三种自由组合的实践方式有一个共同的特点,就是有相同的兴趣爱好,小型分散,便于开展多种多样的活动,满足了各专业学生的需要和爱好,有利于发挥他们各自的特长。

3.学生社团组织实施

这是一种在学生自由组合的基础上形成的由学生社团组织实施的实践形式。在校园里,火热的校园生活给同学带来了强烈的新奇感,加上共同的兴趣、爱好及强烈的参与欲和表现欲使不少同学自发地组织在一起,并自觉地接受学校团组织和学生会的指导。负责人往往是高年级的同学,而成员主要是一、二年级的学生。由于高年级同学有经验,新同学参与热情高,因而由社团组织开展的活动对学生也很有吸引力。

通常,由学生社团组织开展的实践活动主要有三类:一类是由青年志愿者协会、爱心社或大学生心理协会之类的社团组织开展的公益性社会活动;另一类是由大学生科技协会、花卉协会、食品协会之类的专业性社团组织开展的与专业密切相关的活动;还有一类是由书法协会、演讲协会、摄影爱好者协会之类的社团组织开展的与个人兴趣、爱好相关的活动。

无论是哪一种类型的社团组织开展的活动,由于它满足了学生不同兴趣爱好的需要,为学生展示才华提供了舞台,对培养学生为同学服务、为社会服务的奉献精神,强化其事业心和责任心,增强同学的组织能力和活动能力都有极大的帮助,因而是大学生开展自我教育、自我管理、自我服务的好形式。又由于它虽然有学生自发的特点,但它又接受团组织、学生会的指导,实际上是一种有组织、有目的、有计划的德育实践途径。

但如果老师的指导不利,也有可能使活动流于形式,因为在老师指导不力的情况下,有些社团组织的负责人会盲目仿效社会上的一些不好的做法。比如,有的社团组织在机构组成上也搞"官本位",虚设各种职位,导致机构庞大。此外,在经费的使用上,一些负责人缺乏当家意识,大手大脚地花钱,讲排场,追求阔气。可见,在社团组织的管理上,主管部门必须切实到位,绝不能放任自流。事实上,凡是老师指导到位的社团组织,其开展的活动往往很有成效,不但出了成果,也出了人才。

4.学生个人分散实施

由学生个人分散实施是高年级大学生在校期间参加实践活动的一种主要形式,也是他们走向社会前独立锻炼的演练形式。因为前面三种实践形式,主要是为学生今后走向社会、走向独立而做准备的,上述形式对于培养学生在组织中的合作能力、参与意识及组织管理能力是有效的。但学生毕竟是要独立走向社会的，肯定要分散参与实践。

事实上，到了高年级，一些同学也会自发地脱离各种小组或社团，独立地参与实践活动，如独立的兼职、独立的调研等。其形式包括个人返乡调查、个人开展科研、个人到企业或乡村兼职，甚至包括家教兼职、勤工助学等。这种活动的最大优点是能够锻炼同学的独立工作能力，有利于加快学生的成长步伐，加上其灵活机动，省钱省事，对学校、学生和基层单位都不会有什么麻烦。但这种方式能否取得成效，主要取决于学生是否认真，态度是否端正，如果参与实践的同学真正地把社会实践作为锻炼自己的机会，并且虚心求教，认真体会，就会取得实实在在的成效。

一般来说，组织好这种形式的实践活动，主要应加强准备阶段和总结阶段的指导，具体实施阶段则主要依靠学生本人发挥自己的主观能动性，见机行事地处理好实践中发生的问题。比如，如何同实践单位取得联系，又如何取得实践单位领导与工作人员的支持，使之能为实践提供方便，在实践过程中发生了困难如何处理。这些问题老师固然要予以指点，但老师不可能时时在身边，而且学生离开老师后基本上是个人独立行动，一切全靠自己想办法，这就要开动脑筋使出自己的本事。因而这种办法比较适合高年级的学生，这样的锻炼可能是很艰苦的，甚至是很痛苦的，但收获也是很大的。

（二）大学生德育实践的实施机制

组织大学生的德育实践活动，使每个学生都能积极参与并确保有成效，还需要有一套良好的运行机制。这套机制包括组织机构、管理制度和基地建设等。

1. 大学生德育实践的组织机构

从各高校实施德育实践的情况来看，领导重视、机构健全是确保德育实践有成效的重要保证。同高校的其他工作一样，大学生的德育实践也是一项系统工程，它具有参与人数多、规模大、层次区别明显的特点，组织发动的工作量相当大，可谓头绪繁多，每个环节都要求万无一失。因此，各高校基本上都是由党委副书记牵头组织领导小组，下设一个办公室，教务处、学生处、团委、社科部的负责人为领导小组成员，各院系也相应地组成领导小组。其职能主要是就高校德育实践的重大问题做出决策,协调有关事宜。具体工作则由领导小组下属的办公室负责运作,一般是挂靠在学生工作部或团委。但作为德育实践课程,则一般归思想政治教育的教学部门管理,有的学校是归思想政治教育研究室或德育部,有的则是归社科部管理,负责统一实施教学,指导调研,记载成绩等。

在实际操作中,应注意发挥学生社团组织如科技协会等学生团体的作用。德育实践活动的内容繁多,形式多样,发挥学生社团的作用,对内可帮助学生收集信息和传递信息,使学生有的放矢,选择适合自己特长与需要的实践内容,减少事倍功半的情况发生,少走弯路,使大学生的实践活动制度化、规范化,便于指导和管理,同时也可以使实践活动提高效率,节省人力、物力和财力;对外还可开展横向联系,与地方企事业单位挂钩,向他们提供信息或有关服务,从而拓宽德育实践的领域。

2. 大学生德育实践的实施制度

（1）组织制度

凡进行规模较大、时间较长的德育实践活动,要由院系领导带队,专职教师具体组织活动的全过程,并在现场指导学生操作;分散实践的小分队,每个队应有一名专职教师带队;学生个人单独开展的社会实践活动,事先应填写实践活动登记表,指导教师负责对其说明注意事项,提出建议或要求,签发实践活动介绍信,定期召开实践活动工作会,通报有关情况,研究有关计划,上交总结材料。

（2）考核制度

要求建立学生实践活动档案,记载学生的表现及考评成绩。对有组织的社会实践活动,由带队教师对学生进行全面考核,考核的具体内容或标准事先确定,下发到学生手中。考核内容和标准视实践活动的类型分别规定,要求具有可比性。对于分散的个人或小组开展的活动,由于无老师带队,无法考核现场情况,考核成绩可根据学生提交的文字性调查笔记、实践总结和接待单位负责人对他们的评语给予评估,缺一不可。

（3）教学制度

德育实践作为一项课程,必须要纳入学校的教学计划。要求每个学生都要学习这门课程,参加一定时间的实践。一般安排在一、二年级的寒暑假或课外活动时间。根据学校的有关规定,完成一定时间的实践,提交活动笔记、记录等原始材料，写出实践报告或论文，经老师审核通过，给予合格成绩，并记学分。参与指导实践活动的老师，其工作量参照专业实习工作量核算，依照时间长短确定教学时数。

（4）奖励制度

对在实践活动中取得成绩、取得经济效益和社会效益的学生给予表扬、奖励，每学年开学后召开社会实践活动总结表扬大会。对获奖者按等级在德育综合测评时加入奖励分，同时作为"优秀学生"评选的依据之一。对在德育实践活动中主动性差、表现不佳，甚至犯错误的同学依据校纪校规予以处理；不参加实践活动者，不记学分，不予毕业。

（5）培训制度

由于大学生参与社会实践缺乏经验，有必要对之进行岗前培训。实践课程的开设就是有目的的培训方式，它有助于学生了解参与实践活动的目的和意义，学习实践活动的实施方法与操作技巧，这对提高实践活动的效果大有帮助。培训工作要做到思想上定位，认识上统一，任务上明确，从而为实践活动的实施提供技术准备和知识准备。

3. 大学生德育实践基地的建设

建立相对稳定的德育实践基地，是使德育实践得以长期有效开展的必要条件。实践基地的建立有利于克服活动的盲目性和随意性，有利于建立起教学、科研与地方生产建设相结合的运行机制，使德育实践真正成为弘扬人的德性、发展智力、提高能力的重要环节。目前，高校大学生德育实践基地的类型大体上有以下几种。

（1）传统教育基地

这类基地主要是对学生进行革命传统教育或中华民族优秀文化传统教育而设立的，一般是革命烈士纪念馆、革命遗址或历史遗迹。目前，国家和各省、市已命名了一大批爱国主义教育基地，并列为红色旅游的开发项目，高校可以根据学科德育课程的需要，结合教学组织学生参观、考察。

（2）典型教育基地

这类基地主要是在近年来改革开放和现代化建设取得了突出成绩，它对宣传现阶段党的路线、方针、政策具有一定的典型意义和现实意义。高校可以根据学科德育课程的需要，组织学生参观、考察、听取报告。

（3）社区服务基地

这类基地一般是和高校附近的社区或乡镇联系组建，主要是引导学生把所学的知识运用到社会中，为社区提供各种智力型服务。例如，在基地举办各种文化知识培训班、开展知识咨询服务等。在这样的基地中，学生能将所学知识运用到实践中，并得到社会的认可。

（4）专业劳动基地

这类基地主要是组织学生参加生产劳动，或结合专业学习专业实践知识，一般设在本校的小农场、小工厂内。大学生适当地参加一些必要的生产劳动，对于增强劳动观念、强化同劳动者的感情具有重要的作用。

（5）科技开发基地

这类基地是把大学生的科技成果转化为生产力的桥梁和纽带，是建立大学生科技市场的主要场所。在基地中，学生可运用所学专业进行相关的学科和同类项目的科学研究、科学实验和科技设计，有偿转让小发明、小创造、小专利，在互惠互利的基础上同一些厂家联合开发新产品等。这类基地一般是和学校科学研究项目的挂钩单位如企业或乡镇共同设立。

（6）军事训练基地

这类基地主要是以解放军的驻地为基地，将大学生拉到部队进行军事训练，实地感受部队的生活，接受部队官兵的指导，这对于强化大学生的组织观念和集体主义意识有很大的作用，但这类基地的建立需要一定的条件，受到某些因素的限制。

（7）综合实践基地

这类基地是近年来出现的，主要是将社区服务、传统教育或典型教育、科技开发等融为一体。一般是高校主动与革命老区的市、县、乡镇联系，结合当地的爱国主义教育基地定期组织学生参观考察，同时利用学校的科技优势，为老区开展科技服务。这种做法由于体现了市场经济双向互惠互利的原则，因而为双方接受，很容易形成长期合作的基地。

上述基地，有的是临时性的，但更多的是长期性的。在基地建设上尽量要作长期打算。因此，基地的选择非常重要，通常要考虑三个因素：一是基地要有代表性，尤其是综合效应明显，对双方都有利；二是不要给作为基地的单位造成太大的压力或负担，避免影响正常的工作和生产；三是地点不宜太远，要本着就近就便的原则来考虑。基地建立后，要制订一个工作计划,包括基地工作的开展、近期活动的管理及实践活动经费的筹集等。

德育实践活动的建立与发展要与社会各界达成共识。这种共识的建立,一方面靠领导的支持和关心;另一方面,要靠学校把成果广泛地向社会进行宣传推广。只有这样,才能使德育实践基地的建设走上制度化、规范化的道路。实施大学生德育实践必须把握好开发性、实效性、客观性、全面性和便利性五个原则,通过以下四个途径来实施,即学校组织实施、学生自由组合实施、社团组织实施和个人分散实施等。

大学生在参与实践的过程中,要把握实践的基本要领。比如,确立虚心向工农群众学习的实践理念,了解实践活动的程序,消除实践中的心理障碍,掌握实践的基本方法等。组织大学生的德育实践活动,使每个学生都能积极参与并确保有成效,还需要有一套良好的运行机制,这套机制包括健全组织机构、完善管理制度和加强基地建设等。

第五章

网络环境下的高校德育工作创新探索

　　虽然高校德育在其存在及运行过程中有着本身的规定性和相对独立性,但它并不是存在于现实的社会环境之外。当前,网络的广泛运用已经成为一种革命性的力量影响着人类社会的发展,不仅使人类社会展现出与原有社会类型结构不同的新的社会类型结构的新特征,而且通过对人类社会发展的影响而向人类社会提出了新的社会问题,从而创建了高校德育存在和运行的新的社会环境。目前,网络已经成为一种影响学校德育模式变革的革命性力量,因此,本章重点研究网络环境下的高校德育工作创新。

第一节　网络影响下的高校德育新环境

一、对网络的基本认识

（一）网络概念的基本内涵

　　"网络"一词,虽然按其汉语语义是指"纵横交错而成的组织或系统",而在现代数字化信息技术的意义上,就是指建立在现代计算机技术和通信技术基础上的数字化信息交流技术系统。

"网络国际联合委员会"在1995年10月通过的一项关于"互联网定义"的决议中明确地指出,网络或互联网指的是全球性的信息系统。因此,"网络"一词虽然保留着其基本的汉语语义,但当我们把它与现代数字化信息技术连在一起时,就作为一种专门指称"数字化信息交流技术系统"的术语。也就是说,当提到"网络"这一术语时,主要是指"数字化信息交流技术系统"。

（二）网络的基本特征

1.远程展示性

网络的虚拟实在技术能够通过身临其境的远程展示,把远程的"现实存在"展示在人们面前。这一技术不仅被广泛地应用在空间探索、远程教学,如人们能够通过它模拟大学、参加在线班级、访问虚拟教室,而且也较广泛地应用于医学,如目前在外科手术中,远程展示允许外科大夫在遥远的城市实施专家手术,而专家在那里却没有实际地出现。

2.身临其境性或者说个体完全沉浸性

虚拟实在能够为人们提供一种使其产生身临其境感觉的虚拟环境,或者说能够让人们产生"零距离接触"的亲和感。网络不仅能够为人们提供虚拟的现实性图像,而且能够为人们设定操作性的图像目标,通过对图像目标的操作达到控制虚拟实在的目的。如人们可以虚拟战场、飞机、天体飞行物等,通过对设定的图像目标的操作,达到指挥或操纵虚拟实在的目的。在这一过程中,人们很容易产生身临其境的感觉或幻觉,并使个体沉浸在这种感觉或幻觉中。

网络作为一种新的信息交流的工具,其根本价值就在于它为使用者提供越来越多的和越来越完善的,并具有现实性的数字化信息服务。人们不仅能够通过它进行跨越时间和空间局限的方便而快捷的通信联络,而且能利用它进行文件传输、电子商务、网络论坛、网上学习以及游戏娱乐或交友聊天等。可以说,网络创造了一个新的世界,它不仅越来越成为人们获得各种信息资源的重要途径和方式,而且也越来越渗透于人们生活的各个领域,影响和制约着人们的思维及行为方式。

网络还能够使许多过去受到社会经济因素制约的活动范围,现在在虚拟实在的面前不再构成限制。如过去人们要想去国外旅行,不仅要有足够的现金,还要办理护照、签证等;而在网络中,情况就不同了,只要你移动鼠标、点击键盘、输入数据和命令,你就可以到你想去的地方,不仅可以欣赏到向往已久的旅游胜地的风光、世界名画等,甚至还可以把你心仪已久的风光刻录于光盘上,下载几张允许下载的名画。

二、网络影响下高校德育新的社会环境

(一)社会发展的"网络化"及新的社会问题

概括地说,网络技术的出现及广泛应用所引起的人类社会的显著变化主要在于以下几点。

(1)强化信息对于社会发展的关键性作用。不同于以往人类社会的是,谁能在信息社会中拥有获得信息技术的优势,谁就能够掌握更大的信息权力并处于社会权力结构中的优势地位,可以说,这是信息社会竞争法则的铁的定律。

(2)形成不同于以往人类社会的生产格局。知识的创新和高效率的运用,使知识成为社会发展的最重要的资本,从这一意义上讲,知识的创新与高效率的运用成为社会发展的主导。

(3)成为社会各个领域和组织都采用的主要技术手段。特别是商业活动,在很大程度上改变着传统的商业贸易的往来方式和手段,人们可以在网上进行商业性的信息交流,如网上贸易、网上投资等。

(4)使社会决策与管理更加民主化。在社会决策与管理方面,传统的垂直式的决策和管理模式逐渐地被发散型的或"扁平型"的以及"网状"的决策与管理模式所替代,从而为更多的社会成员提供着参政议政的机会和途径。

(5)改变了人们传统的交往和交流方式及途径,扩大了人们交往和交流的范围。

虽然网络技术的广泛运用促进了人类社会发展的网络化,但同时给人类社会的发展带来了新的社会问题,特别是最富有争议的伦理道德问题。

1. 网络对社会文化产生的影响

美国学者 C. 恩伯(Carol Ember)和 M. 恩伯(Melvin Ember)在分析"文化变迁"现象及探讨其原因时指出,"发现"和"发明"是一切文

化变迁的根本源泉。但并不是任何"发现"和"发明"都能够导致社会文化的变迁，只有社会接受了这种"发现"和"发明"并且有规律地加以运用时，才谈得上影响或导致社会的文化变迁。

一切文化变迁的根本源泉是否就是"发明"和"发现"，这是一个有待论证的命题，但是，技术的"发现"和"发明"必然对文化变迁产生影响则是肯定的。所以，如果我们用这种文化变迁的观点来分析和探究网络对文化的影响，那么可以说，由于网络技术的出现，人类社会也正面临着一次"文化变迁"——网络发展影响下的"文化变迁"，首先表现在文化的生产和传播机制与传统意义上的不同，也可以说，网络正改变着社会文化的生产和传播机制。

在网络中，没有人能够限制或控制他人的选择，因而，文化的多元是不可避免的；另外，网络变化是非常快的，它的信息量大，涉及面广，再加上参加者众多，使得在网上可以与相当广泛的人群建立某种联系。也可以说，人们可以依据自己的爱好、兴趣来选择不同的人群以建立联系，而不是像在非网络化的现实生活中，有时你必须与你不喜欢的或厌恶的人或人群建立一种"僵硬"的、缺乏情感色彩的人际关系。所以，网上的变动性体现出人们对自由、情感的自主支配的愿望或向往。

可以说，网络以其对非中心化、开放性、去权威性和对变动性、个体化及平等思想理念的提倡，形成了一种有别于现实社会文化的新的文化模式：网络文化。网络所形成的这种"文化"已经现实地影响着现实生活中的社会文化。那么，高校德育面对"网络文化"对现实社会文化的影响，应如何做出反应和应对呢？

2. 网络对人际关系产生的影响

如果你想多与他人交往和交流，你可以在网上找到你的"同事""同伴"或者"至交"，也无论对方离你多远，只要在网上建立联系，你就能够随时找到"他"并与之进行交流，等等。所以说，网络的出现，给人与人之间关系造成的影响是打破了传统意义上的时间、地域和空间的局限性，扩大了人际交流的范围。不仅如此，网络在人与人之间的交往和交流上还具有如下的优点。

（1）人际关系平等。在网上交往和交流，你现有的社会身份、角色和地位基本上消除了，因为无论你在现实社会中具有什么样的身份地位，在网上交往和交流中，你也仅仅是一个信息的发布者或接收者，因此,可以不问对方的职业、年龄、相貌、性别、地位等,只要有着共同的思想、观念、爱好、兴趣等,就可以与之交往和交流。从这一层面上讲,网上的交往和交流实现了一种现实社会中所不具备的"平等"。

（2）交往和交流的自主性增加。在现实社会中,交往和交流的过程中会因为各种因素而形成一个又一个的"圈",这些"圈"事实上既形成交往和交流的环境,又构成交往和交流的范围和屏障。也就是说,你想和谁交往、交流,并不是一件随心所欲的事情。而在网上交往和交流则增加了自主性。只要在网上建立了联系,就可以随时向你所欲交往和交流的对象发出信息,向"他"表达自己的思想、看法等,而不必考虑现实中的许多因素。

（3）网上交往和交流还具有情感真切、表露自己真实本性的特点。人的许多真情实感在公众面前往往是不容易表露出来的,而在网上,当自己的身份、地位、职业、性别等信息不被别人知晓时,自己则可以以想象的或虚拟的身份或假名与他人进行交往和交流。尽管是以想象的或虚拟的身份或假名与他人进行交往和交流,但在某种程度上,并不隐瞒自己的真实想法、真实感受和思想观点等。

尽管网络扩大了人际间的交往和交流,并具有上述的优点,但网上交往和交流也会产生如下的影响。

（1）如果过分依赖网上的交往和交流而忽视现实社会中人际间的交往和交流,人际关系可能会变得冷漠而缺乏人的属性。虽然网上的交往和交流具有上述的优点,但网上的交往和交流实质上是人与机器之间通过数字、音像等所重建的非现实性的交往和交流,它改变了以往的聚会、探亲、访友等的交往和交流形式。如此,人们之间的现实的社会性交往和交流机会减少。而当人们沉溺于网上交往和交流这种形式时,同他人的社会性交往和交流就会逐渐被削弱或弱化,从而可能使家庭成员之间、邻里之间、同事之间、同辈之间等的感情淡漠,疏离或远离社会的意识逐渐产生。

（2）形成一种"真亦假、假亦真"的认知心理。如果人们都习惯于以虚拟的身份或替代性的假名进行交往和交流,那么,"真"和"假"之间的区分,在这种交往和交流的过程中,基本上不具有伦理道德上的意义,也因此产生了交往和交流间信任的危机。

（3）容易产生交往和交流中的"情感漂移征"。网络确实让人们进行交往和交流的空间大大拓宽了,但所产生的后果是,你的"好友""同伴""同事"越来越多,同时你的这些"好友""同伴""同事"也像一阵风似的涌现和消失。长此以往,就会使你觉得朋友和友谊是无足轻重的,因而也不必为此而珍惜,因为网络为你交往和交流提供着你个人都想象不到的空间和机会,所以,你可以随意地转换你的"交流对象"。

（4）忽视交往、交流中的基本礼仪和规范的意义及价值。人与人之间的交往和交流,虽然不应该出现不该有的或过多的约束,但基本的礼仪和规范还是应该遵守的。因为在我们的社会性交往和交流的过程中,我们判断某种交往和交流的伦理道德性,仍是相对于对基本礼仪和规范的遵从或违反来说的,但由于网上交往和交流的去权威性、反约束性、自主性和开放性等的提倡,人们淡化或弱化了人与人之间社会性交往和交流的基本礼仪及规范。

例如,当你与好友交谈时,别人要征得你们的同意才能够加入你们的交谈,这可以说是再基本不过的礼仪和规范了。在网上,就基本上没有这种礼仪和规范,只要你有兴趣,你就可以随时进入别人的网页上。所以,在网上交往和交流,基本上没有"应该"和"可以"或"不应该"和"不可以"的道德性思考。一旦这种网上交往和交流成为一种习惯,那么在现实的社会性交往和交流过程中,人与人之间交往和交流的基本礼仪及规范就逐渐地失去了伦理道德的约束性、规范性。网络中所形成的人际关系的认知和体验已现实地影响着现实生活中人们对人际关系的处理方式及态度。

3. 网络对政治、民主生活认识产生的影响

正如盖茨所言:"传媒上的每一进步,都对人民与政府之间的对话有着极大的影响。"从这一意义上讲,网络影响和改变现有民主政治生活的形式就不再是一种理想设计。在网上展开民主政治活动,有着本身的优点和特点。

在网上,民主政治活动能够以光速传播着。如政治事件的发生、你的政治见解、政治家的态度以及政府决策和相关表决的结果等一系列与民主政治有关的活动和内容,能够在网上迅速地传播和引起反应;而且可以在网上迅速组织"集会"或"运动",讨论、支持或抵抗某种政策或计划。除此之外,在网上,民主政治活动还体现在方便、费用低上。一般性的公民表决,不仅复杂,而且要投入大量的人力和物力,而在网上,只要发布投票的布告,很快就能够得出结果,既方便又省时省力。

如此,网络为公民的民主政治生活提供了积极的参政议政的机会,并在一定程度上保障了公民参政议政的权利。但我们不能够仅仅看到网络对于公民民主政治生活影响的积极性一面,还要分析和探究网络对于公民的民主政治生活的负面影响。

(1)对民主政治生活产生不该有的误解。民主政治生活,并不是因为网络为公民参政议政提供了直接的、平等的和快捷的便利条件,就以为什么都可以由公民来表决,或者实行所谓的"直接民主"或"完全民主"。民主政治生活毕竟是政党的一种施政的活动和形式,政党及其执政下的政府,不仅要思考社会及公民眼前的利益,更要思考社会及公民的长远的发展,而公民所关注的往往是个人的或当前的利益。因此,为社会和公民的长远发展考虑,有时就要牺牲一些当前的或个人的利益。如果仅仅考虑公民的当前或个人的利益而忽视社会的和公民的长远发展,那么这种民主政治生活是缺乏政治远见的,所以,在现实的民主政治生活中,并不是所有的民主政治都能够以"直接民主"或"完全民主"的形式来决策未来。

(2)无政府倾向性。也正是因为网络为人们提供了自由言论的场所,因此在网上,我们可以看到任何人都可以把他们哪怕是再荒诞的观点放置到网上,并且,一旦进入网络,这种观点就成为"大众性"的,或者说是"世界性"的。而任何一种观点或政治见解都可能导致众多人的盲目赞许,因此,网络这种"非中心"的或"去权威性"的以及开放性的结构特性使得某种协调社会正常运转所必需的统一性的思想观念的形成存在着许多困难。这是因为,既然人人都可以参政议政,那么政府官员就没有必要存在,有什么事或决策,在网上由公民投票决定就可以了。这种民主政治意识很容易把民主政治生活引向无政府主义,也可以说,民主政治生活的无政府主义是网络带来的一种副产品。

(3)民主政治问题频繁化和扩大化。在现实的民主政治生活中较小的问题或者争论都可能成为网络中范围广泛的"运动",而且你说你的观点,我说我的立场,如此,不仅使一般性的民主政治问题频繁化和扩大化,而且容易使人们产生一种民主政治生活不过是一种"游戏"的缺乏政治立场的意识和认知。这样既不利于健康的民主政治生活的展开,也不利于公民的参政议政,所以在形式上民主政治生活的广泛参与,实质上是对民主政治生活的淡化或弱化,是把参政议政的权利"自由化"了。

虽然网络中提倡民主政治活动的规范性、平等性、公开参与性，并具有直接性、快捷性等的优点，但容易使人们产生对民主政治的误解或曲解，容易使人们产生无政府主义的倾向以及使民主政治扩大化。面对上述影响，高校德育应如何做出反应和应对？

（二）经济、政治和文化的全球化趋势及新问题

回顾历史，科学技术领域的任何一次发展、任何一次重大的技术突破，都对人类社会的演进产生过重大的影响。这种影响遍及人类社会生活的各个领域，包括商业和金融活动、工业生产、政府决策以及军事、国际关系、教育与科研、社会与文化关系、新闻娱乐活动等。从这一意义上讲，任何一次科学技术的进步都与人类社会活动的方式、活动的组织规划和活动目标紧密地联系在一起。但这种联系又使科学技术负荷了多方面的价值，包括经济价值、社会价值、文化价值、伦理价值，当然也包括技术的政治价值。这些价值内容在技术的不同发展阶段是不同的，并且基本上构成了那个阶段人类社会的主要特征。

如今，全球化已经成为人类社会发展的主要特征之一，决定着当前和未来人类生活的基本内容，而关键性的要素则又是网络的广泛运用。脱离了网络的广泛运用，全球化的水平远不能达到今天这样高的程度。从这一意义上讲，网络的广泛运用推动了世界经济的全球化和区域经济一体化趋势的加速发展。

网络技术不仅促进了世界经济的全球化，而且加速着以经济全球化为中心的政治和文化的全球化。

网络技术促进世界政治的全球化表现在以下几个方面。

其一，帮助非政府组织大量兴起并且在世界政治中发挥日益重大的作用，如跨国公司、绿色和平组织、国际金融组织、世界环保组织等，这些组织借助于网络技术活跃于世界政治舞台的众多领域中。

其二，网络上出现了越来越多的国际性政治论坛，聚集着大量关心世界政治生活和世界政治格局的人们。当某种有影响的国际性事件，特别是国际性政治事件出现后，网络上的各种电子公告栏、新闻组以及邮递列表等都会迅速做出反应，并以"多对多"的交流形式在网上掀起激烈的讨论，而且这种讨论可能迅速变成有组织的、大规模的、全球性的政治活动。

其三，通过网络，可以使某个国家、地区的政治事件迅速成为全球性

的政治事件。

网络技术促进文化的全球化表现在以下几个方面：其一，借助于网络，能够迅速地了解世界性的文化信息和文化动态；其二，借助于网络，可以欣赏到不同国家、民族的文化特色；其三，借助于网络，可以进行不同国家和民族的文化交流，等等。

世界经济、政治和文化的全球化趋势，确实加强了不同国家和地区间的国际性联系，而且强化着人们的国际性合作、关怀等方面的意识，这对于世界的稳定和发展有着积极的意义和价值，但世界经济、政治和文化的全球化趋势同时带来了许多现实性的问题。

1. 对国家、民族观念和意识的冲击

网络是人类历史上第一次成功创建的非现实的和数字化的虚拟空间，它是独立存在于现实空间之外的另一个空间，是一个没有地域和距离概念的人类交往、交流的场所。因此，信息在网络中能进行跨地域性的、没有距离的和不分疆界的自由流通或交流。从这一层面上讲，网络打破了现有的国家概念，特别是"经济全球化""地球村""国际化"等理念的提倡，强化了"无国界""没有民族差别"等概念，而"国境线"不仅是一个主权国家的地域性表征、一个主权国家的国际政治地位的体现，更是一个民族存在和发展的基础。也可以说，民族的存在和发展在一定意义上就是对"国境线"的强化和捍卫。

因此，作为一个主权国家的公民，不仅应该拥有国际性的概念和意识，更要有"国境线"的概念和意识，这对于一个主权国家的民族概念和意识有着重要的意义及价值。如果一个主权国家的公民缺失了"国境线"的概念和意识，那么民族的概念和意识就很难产生。

2. "媚外而排内"思想意识的诞生

网络中大量的信息虽然为人们提供了认识世界的机会，但强势国家也通过网络展示其民族制度、物质生活等方面的优越性，实施民族概念和意识方面的倾向性引领。而发展中国家和民族的一些人就会将其与本民族的落后性或者本民族某些方面的滞后相比，很容易产生"媚外而排内"的思想意识，冲击人们正确地认识和理解本民族对于自己的意义和价值。特别是年轻一代，他们基本上缺乏对本民族历史文化的认识深度。因此，本民族的历史、本民族的文化传统等对他们来讲，基本上不具有意义,这对于增强民族自信心、自重心和民族信仰具有极大的负面影响。

3.对强权意识和理念的倡导冲击着当前所提倡的"世界和平和稳定"的世界文化的主观理念

当今的世界文化,虽然具有多样性和多元化(这是世界文化的特色),但也有其主旋律,即世界的和平与发展。然而在网上所体现出的却是明显的网络技术所负荷的政治理念:谁掌握着高科技的优势,谁就掌握着世界的霸权。

总之,网络技术的广泛运用已经改变了人类社会发展的原有类型结构,同时也向人类社会提出了一系列的新的社会性问题。基于本课题研究的具体指向性,大体上列出了上述的思想、伦理道德、价值观等方面的问题。它们不仅是网络对人类社会所提出的新问题,而且也是高校德育所必须面对的新问题。

三、虚拟的生存空间:网上高校德育新环境

网络创造了一种不同于物理空间的人类生存环境:虚拟生存空间。在虚拟的生存空间里必然会产生新的生存问题,特别是富有争议性的伦理道德问题,为高校德育拓展和开创着新的环境。

(一)"虚拟身份"及其所产生的新问题

在前面我们就说过,网络的一个基本特征就是它的虚拟现实性,即"在效应上而不是在事实上真实的事件或实体"。因此,人们通过这种虚拟现实性,以"虚拟身份"创造着新的"自我",体验"虚拟身份"中"自我"所具有的能力及所从事"事业"的成功所带来的愉悦等。虚拟身份有如下特征。

(1)想象性。想象性在主体身份的自我创造中是一个非常突出的特点。人们通过这种虚拟的、想象的再创造,表达了一种探索新的身份特征的愿望。在交流的主体身份的建立过程中,网络和想象形成了一种密不可分的联系,一方面,网络提供了想象的空间;另一方面,想象在网络中能够迅速地实现。

(2)多样性。在现实社会中,人们的身份是在"有标示状态"的现

实社会环境中确定的,而且这种身份通常决定了人们以一定的方式对现实世界或现实社会的作用做出反应,因而,在"有标示状态"的现实社会环境中,身份对人们的人格形成起着固化的作用。而人们在网络上所创造的新的生存空间里,其"虚拟身份"就与在"有标示状态"的现实社会环境中的身份存在着较大的不同。它首先在很大程度上是不确定的:不同的交流对象,不同的交流话题,都可能把一个在"有标示状态"的现实社会环境中局限于某一狭隘环境的主体带到一个更为复杂的大背景中。所以,在网上,人们通过多样的"虚拟身份"实现着与多个"他人"进行网络上的社会交流和人际互动。

（3）随意性。也称之为主体身份的不确定性,这一特征是随着上面的第二特征而产生的。在网上,主体身份既可以是虚构的,也可以是想象的或创建的,因而具有很大的随意性。

确实,在网上,人们可以依据自己的想象,构造自己的形象,赋予自己"超人"的能力,这在一定程度上讲具有积极的意义和价值,但我们又不能不分析和探究这种"想象"对于自我身份认知的影响。我们在前面也谈论过人们热衷于以虚构的、想象的或创建的身份在网上进行交流和互动,其优势也是不能够否认的,但在一定程度上影响着对主体对自我身份的认知;"我"是谁? 在网上,我可以是任何角色,也可以说,在网上,我谁都是。因为网络为"我"的这种意识提供着实现的机会和场所,因而我可以成为我想象中的任何人。男可以变女,张可以变李,学生可以变老师,老人可以变小孩,中国人可以变外国人,等等,虽然在网上,这些仅仅是一种虚拟的和想象的,但在人们的心理认知中,逐渐产生"自我"的不确定性或漂移性。

虚拟身份使主体在网上的交流和互动中经常性地处于其身份的不确定性状态,而在"有标示状态"的现实社会环境中身份是确定的,这种网上与现实中身份的虚实转换,使主体在认知自我上产生了矛盾的心态,使主体的统一人格走向"虚"与"实"的分裂。

我能够做什么? 在网上,我什么都可以做,可以做"我"想象中的任何人和任何事。也就是说,"我"是完全自由的,"我"想成为谁"我"就是谁,"我"想干什么就干什么,谁都不能够阻止"我如此,"我"获得了"无所不能"的地位,这就在人们的心理认知中逐渐产生"自我"的确定性"自誉"或"自谕"。

网络对"自我"认知的不确定性或漂移性以及对"自我"的确定性

"自誉"或"自谕",很容易使人们产生一种狂想的、缺乏现实性约束和支持的自我构建意识和心态:"我"高兴,"我"就是任何人,"我"能做任何事。因此,不存在对"我"的外在制约力。这种意识或思想观念的产生或获得必然带来自主性和个性化认知的强化,这样社会性的制约因素在网上就基本上失去了伦理道德上的意义和价值。

另外,这种意识或思想观念的产生或获得逐渐地使"我"淡化或弱化社会性评价,却强化着个体性和主观性评价。因为在现实的社会生活中,人们的行为和认识不可能完全摆脱社会评价的制约性,个人的善恶标准也受到社会的影响和制约。而在网上,"我"是任何人,"我"能够做任何事,因而,"我"是规则的制定者,"我"的善恶标准是由"我"来制定,所以,"我"的行为由"我"来判定。这就在很大程度上造成人们对"自我认知"的"自谕"性,可能导致人们对现实社会生活中语言的不适性、思想观念的不适性、社会文化的不适性、社会行为规范的不适性等。

(二)"虚拟社团或组织"及其所产生的新问题

在现实社会中,人们可以组成各种各样的群体或组织。或许由于各种原因,如居住在同一个或相近的地点,在同一个单位或由某种关系,包括相同的爱好、共同的信仰、参加同一个组织等而形成有一定的社会交往和人际互动的社团或组织,这种社会联系方式虽受到时间、距离、空间等不同因素的影响和制约,但又是客观的和"实在的"。而在网上,人们之间虽同样形成着某种"群体""组织",但人们在网上的这种"群体""组织"中所展开的"社会交往"和"人际互动"则发生着许多类型结构性的变化,如在网上人们可以就同一个话题进行"讨论",彼此间可以相互交流信息和意见,但在大多数的情况下,发言者并不知道"对方"或"共同讨论者"是谁。

所以,在网上,尽管参与"讨论者"因都在"讨论"同一个话题而组成一个讨论"组"或"共同体",而且也交换信息和意见,但这种"组"或"共同体"与现实社会中的"组织"相比,并没有在实际形态上构成一个"组织"形式,而在网上又确实存在着这样一个"组"或"共同体"的"组织",这就充分体现了网上"社团"或"组织"的虚拟性。人们便把这种在网上所形成的社会组织形式称为"虚拟社团"或"虚拟共同体"。

在网上,这种"社团"或"共同体"是大量存在的,并且其形式也是多种多样的。在网上,来自不同单位、不同地区或不同国家的人,在极短的时间内就可以组成一个"讨论组",或者成立一个"社团",或者组建一个"国际性政治论坛"等,他们之间的互动关系完全不需要现实意义上的实际的社会行为,只要把自己的数据输入网络就行,而且,比起现实中的组织、社团,网络组合起来更方便,参与者的范围几乎不受限制,其影响力也越来越大。正如许多研究者所指出的那样,即便你有一种十分与众不同的爱好或嗜好,即便你很难在周围找到志同道合的同伴,但在网上,你能找到你的"同志",因为网络突破了原有的地域性限制,它把人的交往空间扩展到了整个地球和全体联结成网络的人类。

确实,网上的虚拟社团或组织为人们提供了交流和互动的机会、场所和途径,不仅使人们体验着在现实社会中不能够达成的"归宿感",而且也实现了人们在现实社会中不能够实现的组织社团和形成某种思想流派并表达或宣传其思想观点的愿望。但网上的这种"虚拟社团"或"虚拟组织"的形成或组建,也产生了新的伦理道德的问题,主要表现在网上的这种"虚拟社团"或"虚拟组织"的伦理学规范问题。

虽然网上的这种"虚拟社团"或"虚拟组织"有其存在的合理性,但人们在这种"社团"或"组织"中的交流和人际互动所应该遵循的基本礼仪和基本伦理规范还是应该建立的。众所周知,网络之所以能够发展到今天的程度和水平,之所以能够成为世界各国都愿意普遍采用的一种信息交流方式,其基本的原因就在于它的"自由性",或者说就是它的不受制约性。而礼仪或基本伦理规范在某种程度上讲就是对行为的约束。如果在网上出现一种强制性的伦理性行为规范,许多网民是难以接受的。但如果在网上没有一定的伦理性行为规范,那么由谁来约束人们在网上的行为? 在网上,无端的谩骂、人身攻击、编造谎言或谣言、对政治事件的无限制夸张和夸大等,不仅扰乱了人们在网上正常的交流和人际互动,影响了人们对网络的正确认知,而且会使网络世界成为不伦不类的"大杂烩"。

规范不仅包括网络的技术性规范,也包括网络中行为的基本伦理规范。从这一层面上讲,大学生作为网络的用户,作为一名接受着高等教育的"网民",不仅应该遵循网络的技术性规范,也应该遵循网上的基本礼仪和行为的基本伦理规范,这是网络用户的基本责任。所以,国外研究者提醒网络用户:要记住这样一个简单的事实,一个用户"能够"采取一种特殊的行为,并不意味着他"应该"采取那样的行为。

因此,即使是网络为人们提供着自由的、想象的、开放的新空间,但人们在"虚拟社团"或"虚拟组织"中的交流和人际互动也应该遵循基本的网络"礼仪"或基本伦理性行为规范。那么,什么样的"礼仪"或"伦理规范"是适合于网上"虚拟社团"或"虚拟组织"的?或者说,人们在网上的"虚拟社团"或"虚拟组织"中的交流和人际互动应该遵循什么样的"礼仪"和"伦理规范"?高校德育对此应该做些什么?这是高校德育所必须面对和应对的新的伦理学问题。

(三)"网络色情"及其所产生的新问题

分析和讨论网上德育环境,要回避色情问题是不可能的。与其他媒体或途径相比,网上色情对大学生的负面性影响和危害更值得关注和重视,因为汇集了全球信息资源的网络,自然也在汇集着全球性的色情信息。大学生可以凭借对网络技术的掌握来浏览或窥视这些色情信息。虽然大学生已经是成人,而且其生理已经成熟,但情感的盲目冲动及自我约束力的薄弱,有时即使明知有害或不应该,但总认为自己是成人,窥视或浏览一下也未尝不可,殊不知,只要有了一次,就可能欲罢不能了。由于网上色情的导引而致使青少年性犯罪的报道,可以说其案件之多,已不能够以百千计其数。网上色情对大学生的危害,不仅可能使一些大学生走向"性侵犯"或"性犯罪"的道路,而且会使大学生精神萎靡,荒废学业和不思上进。更让人担忧的是,滋生不健康的性心理或性变态,会导致人格分裂这一可怕后果。面对网上色情对大学生的可能危害,高校德育应如何应对,确实是高校德育应该慎重关注和思考的现实性问题。

第二节　高校德育模式构建的理论探究

所谓"构建",在其语义上是指设计、构造或组织以形成或建立某种样式或形态,所以,"模式构建",其实质上是设计、构造或组织以形成或建立事物存在和运行的样式或形态。从这一意义上讲,无论是对学校德育活动存在形态的设计或构造,还是对学校德育活动运行样式的设计,以及对学校德育活动运行方式、方法和规则的采用或选择,都是学校德育模式的构建活动,其目的就是凸现出学校德育活动中重要的因素、关系、状态和过程,进而提出相关的教育理论和实践操作程序与规范。但这也仅仅是在"构建"的语义诠释及现象表征的层面上来描述"模式构建",还不是从认识论和方法论的层面上来分析如下的问题:模式构建应首先关注哪些基本问题,模式构建的科学合理性问题等。

一、高校德育模式构建应关注的基本问题

关于模式构建的理论委实不少,人们在认识和实践活动中形成或构造"模式"的理论及方法:对客观事物进行形象模拟的实物模式或实物模型化;凸显客观事物的基本特征以及构成要素和关系的结构模式;对客观事物以及思想观念进行抽象模拟的形式模式或理论图式;提出假设并在实践活动中验证并修正的"假设—验证"模式;建立数量关系进行数学分析的数学模式等。虽然这些模式构建的理论及方法具有一定的认识论和方法论的意义和价值,但很少具有普遍性的意义。也就是说,这些模式构建的理论及方法都有其范畴的适用性和推广的局限性。

学校德育虽然是一种现实的教育存在,但它又不同于一般意义上的实物存在。完全应用实物模式或实物模型化的认识论和方法论来设计和构造学校德育模式,就把充满确定性和非确定性的学校德育活动完全实物化了,这不符合学校德育活动的现实性存在。所以,设计和构造学校德育模式,我们不宜采用实物模式的认识论和方法论。同样,虽然"数学模式"有其科学的合理性和逻辑的严密性,但我们认为这一模式构建的认识论和方法论也不适应于设计或构造学校德育模式。毕竟学校德育活动中的数量关系不是主体,或者说学校德育活动中的数量关系不是主要关系,而且完全采用数量关系来设计和构造学校德育模式,并不能够反映出学校德育活动中所存在、所出现的确定性和非确定性的、非数量关系的本质属性。

如果从所界定的学校德育模式概念的内涵这一视角来看,学校德育模式构建应该关注的基本问题包括三个方面:一是模式构建的理论基础或指导思想,二是模式构建的目标确立,三是学校德育的内容选择与组织。这三个方面的基本问题,也仅仅是局限于学校德育模式概念内涵的本身,并没有全面地涵盖模式构建的整个过程,而是在分析和探究学

校德育模式构建整个过程的思维域来分析学校德育模式构建所应该关注的基本问题,那么,上述三个方面显然是不全面的。结构模式、形式模式及"假设—验证"模式理论所反映出的认识论和方法论较适应于设计或构建学校德育模式。

（一）"结构模式"的构建理论及其所关注的基本问题

"结构模式"的构建理论,主要是通过凸显客观事物的基本特征以及其构成的重要因素、关系组合而使客观事物存在形态的基本结构呈现出来。

"结构模式"的构建理论所反映出的认识论和方法论体现在：从观察某种事物或某种活动所呈现出的现象入手,分析出事物或活动所呈现出的特征或特点,然后分析探究构成事物的基本要素、要素间的关系组合,从所得出的某种事物或某种活动所呈现出的特征或特点、事物的构成要素及关系组合而获得某种事物或某种活动的结构性框架。

从上述的简要概述就可以分析出这一模式构建理论所关注的基本问题：学校德育活动的实践、学校德育活动所呈现出的基本特征或基本特点、学校德育活动中的基本要素及要素间的关系组合与协调,在此基础上构建学校德育的模式。虽然"结构模式"的构建理论是从已经存在的学校德育活动中得出,也就是说,这一模式是从实践活动中通过认识、分析和概括而形成的理论图式,与所进行的首先构建理论图式然后应用到实践活动中的探索存在着顺序上的颠倒,但这一认识论和方法论对设计或构造学校德育活动模式还是具有许多启示和借鉴意义的：其一,构建模式要分析事物或活动所能够体现出的基本特征或特点；其二,要分析事物或活动的构成要素、关系组合；其三,析出事物或活动存在形态的基本结构。

这一认识论和方法论也存在着自身的缺陷：重视和关注的是所形成或构建的模式,而对这一模式中所内涵的教育思想及教育目的有所忽视,这不能不说是这一认识论和方法论的致命缺陷。总结或概括出学校德育的某种模式,其目的并不在于析出了何种模式,而在于通过模式较为深入地认识和把握事物；同样,构建学校德育的某种模式,其目的并不在于此,而是为了有效地设计和组织学校德育活动,以效益的最大化达成学校德育活动的目的。从这一意义上讲,"结构模式"的构建必须结合学校德育思想及设计和组织学校德育活动的目的,使"模式"具有内在的"灵魂"。

（二）"形式模式"构建理论及其所关注的基本问题

"形式模式"的构建理论，主要是通过对客观事物以及思想观念进行抽象模拟，提出观念形态的模式。这一模式构建理论提出两种模式构建的认识论和方法论：一是从观念上提出预测性模式，通过对客观事物或活动的大部分特征、要素、关系等方面的认识和分析，抽象出客观事物及思想观念的理论形态或图式；二是从观念上提出试探性模式，通过对客观事物或活动的较小部分的特征、要素、关系等方面的认识和分析，抽象出客观事物及思想观念的理论形态或图式。

上述两种模式构建的认识论和方法论，其关键在于对客观事物、思想观念的认识和把握的程度，或者说其关键在于对客观事物和活动的特征、要素、关系等方面的"量"上的认识和把握。如果能够从观念上获得对客观事物、思想观念较多的本质性信息，那么所提出的模式就能够符合客观事物、思想观念的本质。而如果我们在观念上获得的本质性信息较少，那么所提出的理论图式就可能较少地反映出客观事物、思想观念的本质，因而，提出的理论图式就缺乏了实践上的信度和效度。

从对"形式模式"构建理论的简要概述中就可以析出这一模式构建理论所关注的基本问题：关注观念上的抽象和概括；重视对客观事物和活动的特征、要素、关系等方面的"量"上的认识和把握；关注抽象和概括模式的合理性。"形式模式"的构建理论为我们研究和探索学校德育模式构建提供了如下的启示和借鉴意义：其一，重视客观事物和活动所呈现出的特征、构成要素以及其间的关系组合；其二，以对这些因素认识和把握的"量"的程度，提出"预测性"或"试探性"模式；其三，以某种观念为核心，运用分析、综合和抽象的思维方式形成观念形态的或理论化的"图式"。上述方面，对构建学校德育模式确实有着认识论和方法论的意义和价值。同样，这一模式构建的理论也存在着本身的缺陷或局限性：其一，以何种观念统一或整合所获得的信息；其二，所收集到的信息是否真实地反映出客观事物的本质特征或属性。

基于上述原理，如果把这一认识论和方法论应用到设计或构造学校德育模式的研究和探索中，首先要做的就是确立设计或构造学校德育模式的目的和指导思想。因为，目的和指导思想的确立为认识和把握学校德育活动提供了本质性的信息，可以围绕所确立的目的和指导思想抽象出学校德育活动可能呈现出的特征或特点,确立学校德育活动的构成要素,规范其间的关系组合,提出学校德育活动的基本框架、运行程序、原则和规范。其次,从多方面收集有关学校德育活动的特征、构成要素、结构框架等方面的信息,提出多种预测性或试探性的方案。

(三)"假设—验证"模式构建理论及其所关注的基本问题

"假设—验证"模式的构建理论,主要是提出某种假设,通过实践加以验证,从而形成模式。这一模式的构建理论,其认识论和方法论主要体现在:依据对某种事物或活动认识和把握,提出理论假设模式,把这一假设模式应用到实践中加以检验,保留符合客观事物或活动的认识,纠正和修改存在问题的认识。在一定意义上,我们也可以把这一认识论和方法论称之为"试误"模式。这一模式构建的基本思路是,如果所提出的假设基本上没有反映出或没有体现出客观事物或活动的本质特征和属性,那么假设的模式就很难在实践中得以实施。因此,这一模式的关键在于所提出的假设与客观事物或活动之间的贴切程度。由此,就可以分析出这一模式构建理论所关注的基本问题:假设的合理性,即假设的可实践性和验证性。

"假设—验证"模式构建理论为我们研究和探索学校德育模式的构建提供了如下的启示和借鉴意义:其一,提出某种理论假设,把这一理论假设在设计中加以验证;其二,这一理论假设依据于我们对客观事物和活动的认识和把握。我们认为,这一模式构建理论可以说是一种较为常用的和较为科学的方法论。但这一模式构建理论也存在着一定程度的局限性:其一,以何种理念或思想提出理论假设,如果我们所提出的理论假设缺乏某种理念或思想的统领,那么这种理论假设就存在着盲目尝试之嫌,可能会给我们构建学校德育模式带来认识上和实践上的混乱;其二,对于某种客观事物和活动,可能存在着多种理论假设,如果我们对多种理论假设都加以验证,是否考虑到学校教育的时间限定。

基于我们的认识,如果把这一模式构建理论应用于研究和探索学校德育模式的构建中,首先要做的工作就是为理论假设提供设计和组织学校德育活动的目的,使目的统领理论假设;其次,提出多种理论假设,并对其进行理论分析,以减少理论假设与实践验证之间的理论偏差;再次,通过实践验证,纠正、修正以完善理论假设,或依据实践验证的结果重新提出理论假设。

（四）对模式构建所应关注的基本问题的确认

基于对上述模式构建理论的简要分析，上述模式构建的理论都有着认识论和方法论意义上的合理性，其关注的基本问题对我们探究模式构建的基本问题都有着启示和借鉴意义的价值，但同时都存在着不同程度的缺陷或局限性。

"结构模式"的构建理论关注学校德育活动的实践，关注现实的学校德育活动的实践过程中所表征出的特征和特点，关注学校德育活动中的基本要素及要素间的关系组合与协调，对我们分析和探究高校德育模式的构建有着现实的借鉴意义，但对这一模式中所内含的教育思想及教育目的有所忽视，这不能不说是这一认识论和方法论的致命缺陷。

"形式模式"的构建理论关注观念上的抽象和概括，重视对客观事物和活动的特征、要素、关系等方面的"量"上的认识及把握，关注抽象和概括模式的合理性，对我们构建和设计高校德育模式有着认识论和方法论的指导意义，但这一模式构建的理论也存在着"以何种观念统一或整合所获得的信息"以及"所收集到的信息是否真实地反映出客观事物的本质特征或属性"等方面的缺陷或局限性。

"假设—验证"模式的构建理论虽提出了对我们构建和设计高校德育模式的有价值的思想和方法，即在我们构建和设计高校德育模式的过程中应首先提出某种理论假设，在实践过程中验证这一理论假设的合理性或实效性，但问题是，以何种理论来主导假设？一旦假设是不科学的和不具有实践的合理性及有效性，那么在理论上讲，我们可以加以修正或完善，但学校德育活动在实践上的时间限定性却很少允许做这种类似"尝试错误"的验证。所以，单独采用哪一种构建模式，都可能使学校德育模式的构建陷入认识论和方法论的简单化，影响和制约着学校德育活动目的的优化达成。构建学校德育模式应该博采众长，整合其合理的、能够适应于学校德育活动本质的认识论和方法论。

基于对上述几种有代表性的模式构建理论的分析，以及对学校德育模式概念内涵的认识，构建学校德育模式应该遵循如下的思路和程序：其一，明确学校德育活动的目的，确立指导思想，这是模式构建的认识论前提和思想基础；其二，分析出学校德育活动可能呈现出的基本特征，这是模式构建的前提性任务：其三，凸现学校德育活动的构成要素、关系组合，明晰学校德育活动的基本框架；其四，提出设计和组织学校德育活动的基本程序、原则理念和基本规范；其五，对所提出的模式实施合理性分析，以使所提出的模式具有可实践性和实效性。

二、高校德育模式构建的科学合理观

（一）两种有代表性的科学合理观简述

对科学合理性问题的认识有着两种较具代表性的观点，一是逻辑主义的科学合理观，二是历史主义的科学合理观。逻辑主义的科学合理观认为，只有符合客观事实或尊重客观规律的研究，并能够通过实证证明其符合客观事实的研究，才是合理的，坚持经验归纳与经验实证的方法论。如果我们用简约化的语言来表述逻辑主义的科学合理观，那就是坚持事实研究，忽视对事实的价值分析。因此，这一科学合理观有如下的特点。

（1）首先把事实与价值对立起来，认为事实是客观的、"价值中立的"，而价值则是主观的。

（2）把方法论与价值论对立起来，认为理论系统是对价值保持中立的，方法论是对理论保持中立的，就是说，方法论不受理论发展的影响。

而历史主义的科学合理观则认为，对任何事物的分析和研究都必须坚持价值分析的观点，只有符合价值论的分析和研究才是合理的。这一科学合理观具有如下特点。

（1）试图以价值研究取代事实研究，认为事实是"价值负载的"。

（2）完全放弃对方法论本身的系统研究，试图以价值论支配甚至替代方法论。

（二）高校德育模式构建的科学合理观的确认

由上述的简要陈述可以看出，逻辑主义科学合理观的合理之处是坚持对事实的研究，坚持对科学方法论的研究，但忽视对事实的价值分析，形成了"绝对性的科学合理观"。历史主义科学合理观的合理之处则与其相反，它坚持价值论分析，充分肯定非理性因素的价值，但忽视对事实的客观性研究，形成了"相对性的科学合理观"。虽然两者的理论和主张都具有意义和价值，但各持一端，使"合理性"研究走向"单极"。我们认为，对模式构建的合理性问题的确认，既不能单纯地采用逻辑主义的绝对性科学合理观，也不能够单纯地采用历史主义的相对性科学合理观,而应该是对上述两种科学合理观的超越,正确认识事实与价值、方法论与价值论的关系。可以说,没有不内含价值论的方法论,同样,价值论中总是内含着方法论。

正是基于对逻辑主义和历史主义的科学合理观的上述分析,因此,我们认为,在确认学校德育模式构建的科学合理观上必须超越上述两种科学合理观的局限性,从"合目的性"与"合规律性"的对立统一关系中构建学校德育模式。

第三节　网络环境下的高校德育模式构建路径

一、网络影响下高校德育模式构建理念

(一)模式构建理念的内涵诠释

随着人们对客观事物认识的逐步深化,"理念"一词的"形而上"属性逐渐具有了"普适性","理念"一词被广泛地运用和拓展化了。特别是随着信息社会、知识经济及学习化社会的到来,与"理念"相近、相关、相通的有关人们的认识、观念、精神、理想、信念等方面都被称之为"理念"。虽然"理念"一词有着被现代人"泛化"的态势,但在其被使用的意义上,人们还是在如下四个方面来运用:一是理性认识,二是思想观念,三是理想追求,四是哲学观点。

在此应用"理念"一词,并不是在哲学领域的严格意义上,而是在一般认识论的层面上的拓展,用来表述人们对某一事物或现象的理性审视、理想追求及所持的思想观念或哲学观点。从这一层面上讲,所说的模式构建理念主要是指在构建学校德育模式上,对模式构建的理性审视、理想追求及所持的思想观念或哲学观点。因此,所应用的这一概念是在如下三个方面的意义上来表述:一是对模式构建的理性审视,二是对模式构建的理想追求,三是对模式构建所持的思想观念或哲学观点。也可以说,这三个方面是所确认的"模式构建"理念的基本内涵,所探究的"网络影响下高校德育模式构建理念",就是针对上述三个方面来分析和探究的。

（二）网络影响下高校德育模式构建理念探究

1. 网络影响下高校德育模式构建的理性审视

所谓"理性审视"，是指在分析了网络影响下高校德育模式变革的必然性和必要性的基础上和前提下，必须对网络影响下高校德育模式构建的现实性与可行性进行分析。

（1）网络影响下高校德育模式构建的现实性问题分析

从目前我国高校针对网络影响所采取的措施来看，其一，都极其重视在网上实施德育工作，或者说，把网络作为实施德育的一个主阵地。其二，在校园内建立自己的网站。从高校应对网络影响来看，在校园内建立并管理校园网是一个积极的、有效的措施，这一点，我们是不能够否认的，但当我们检视和反思网络影响下高校德育模式及所产生的效果时，我们不禁要问这样的问题：在校园内建立网站是高校应对网络影响的主要措施吗？在校园内建立网站能解决网络对大学生在思想道德品质方面的负面影响吗？我们不能不关注我们的调查结果。

我们必须承认，把网上德育作为应对网络影响的阵地，并建立自己的校园网，是构建高校德育模式的一种积极的尝试和探索，但仅仅依靠这种德育模式来应对网络对大学生思想道德品质方面所产生的影响，就显得"捉襟见肘"了。如果我们仅仅重视网上德育或建立网站，而忽视了对高校整体课程体系的构建，无异于"头疼治头"，寻找"速效药"。治局部而忽视整体，治标而不治本，不具有科学的合理性。因此，高校德育模式构建必须具备整体性，本着治本的精神。

虽然网络对大学生思想道德品质方面影响的到来是如此之迅速，但我们在构建高校德育模式以应对网络的影响时必须考虑所构建的高校德育模式功能的长期性、整体性、针对性和实效性。虽然我国许多高校在应对网络对高校德育的挑战上把实施网上德育作为主要阵地，并设置专门的机构，配备专门的人员，但我们在检视和反思这一德育模式后，却让人不得不承认这一模式构建在很大程度上只是一种形式和刻板说教，这一模式之"虚"使人们忽视了对模式构建之"实"的重视和关注。

（2）网络影响下高校德育模式构建的可行性问题分析

分析网络影响下高校德育模式构建的可行性，主要是从如下几个方面来分析：一是国家政府的重视程度，二是高校德育队伍建设，三是目前开展高校德育的经验总结。

2. 网络影响下高校德育模式构建的理想追求

变革高校传统的德育模式，构建适应网络影响的新的高校德育模式，以应对网络对高校德育的挑战及对大学生思想道德品质所产生的影响，应该思考如下的问题。

（1）网络对目前高校德育提出了什么样的挑战？

（2）网络对大学生思想道德品质产生了哪些方面的影响，是整体的还是部分的？

（3）所构建的应对网络影响的德育模式应追求什么样的理想？或者说，希望我们所构建的德育模式达到什么样的目的或目标？

那么，针对网络对高校德育的挑战及对大学生思想道德品质所产生的影响，高校采用重视网上德育这一阵地并建立自己的校园网这一德育模式，是否就提升了网络影响下高校德育的质量了呢？我们认为，高校如果单纯地以"占领网络阵地"和"建立自己的校园网"这一模式来应对网络对目前高校德育的挑战及对大学生思想道德品质所产生的影响，虽然能够凸显出高校对网络影响问题的重视及所采用措施的针对性，但并没有达到全面提升高校德育质量的初衷。因此，我们必须对目前高校所采用的这一德育模式从德育质量的提升这一视角进行全面的和具体的检视和反思。

我们一再申明，我们并不是反对目前高校的这种德育模式，但这种德育模式所存在的如下缺陷，却现实地限制了高校德育质量的提升。

其一，这一德育模式虽重视了网上德育这一阵地，却忽视了高校德育的整体性，我们必须思考网上德育与高校整体课程体系之间的关系，使网上德育这一阵地与高校整体课程体系对于大学生思想道德品质的形成与提升功能结合起来，从整体整合的视角来构建网络影响下的高校德育模式。

其二，这一模式虽然关注和重视教育者与大学生之间在网上的思想及观念的交流，但其参与者或受众者的范围到底有多大，能否保证所有的大学生能够在网上接受思想道德品质方面的教育，或者说，有多大范围的大学生是在网上交流自己的道德观念和政治思想？如果参与者或受众者是小范围的，那么这一模式的教育对象也仅仅局限于少数的大学生。如果事实上也是如此，那么这一模式的意义和价值就会大打折扣。

因为网络对大学生的影响不是少数，而构建网络影响下高校德育模式的目的也绝不是面对少数的大学生，是要面对所有的大学生，从这一分析来看，这一模式事实上忽视了自己的教育对象，忽视了受众者的范围。

其三，虽然这一模式也有吸引大学生主动参与的初衷，但其所选择的内容，其核心仍是政治性、规约化等的传统德育的话语系统，并不反对对大学生进行政治立场、观点及行为准则等政治性内容的传授，但如果把网上德育的内容仅仅局限于这些方面，就可能使大学生产生一种逆反心理。事实上，高校所开设的校级公共基础课程，如大学生思想品德课程、时事政治教育课程、马列思想课程等，已经是不受大学生欢迎的课程了。

如果再在网上重复这些内容，大学生就可能避而远之，也因此，消解了大学生点击校园网的积极性。我们并不是说这些内容不重要，或者说不应该把这些内容放在网上，也不是说我们所选择的内容必须迎合大学生的兴趣和喜好，而是说，这些内容的单调和重复并不能够吸引大学生积极地参与网上德育。

如果不能够从整体整合的视角来构建网络影响下高校德育模式，如果所构建的德育模式不能够吸引大学生主动地和积极地参与网上德育，如果还是以政治性和规约化的系统话语作为网络影响下高校德育的内容，那么这一德育模式又是怎样提升网络影响下高校德育的质量？所以，构建网络影响下高校德育模式首先应追求高校德育质量的提升。

二、网络影响下高校德育模式构建的方法论探析

从哲学的层面上讲，"方法论是关于认识世界和改造世界的根本方法的理论"。马克思主义哲学认为，方法的使命是引导思维沿着正确的途径去认识客体。认识的方法只有体现认识对象本身发展的客观规律时才是科学的，才是有效的。由此，我们可以看出，认识客观事物的方法对于我们对客观事物发展变化规律的揭示是至关重要的。这一语道破了方法对于认识和改造客观事物的意义和价值。我们认识和改造某一事物或认识和设计某种活动，如果没有科学的方法，或者没有方法论的突破，那么要想认识和改造某一事物或认识和设计某种活动，就非常困难。方法论仅仅内含着方法吗？由此，我们又可以看出，方法论除内含着方法技术外，还与世界观存在着内在的和本质的联系。其实，世界观本身就内含着认识论和方法论。

（一）网络影响下高校德育模式构建的原则性框架

1. 以学生为本

重视模式构建逻辑起点问题，其根本缘由在于：逻辑起点不仅决定了模式构建的价值取向，而且模式构建的整个过程，如目标的确立、内容的选择与组织以及方法论，都直接体现着逻辑起点所内涵的价值观。可以说，逻辑起点不同，不仅其模式构建的价值取向不同，其模式构建的认识论和方法论也存在着本质性的差异。

如果从逻辑起点的视角来分析"结构模式""形式模式"以及"假设—验证模式"等模式构建理论，我们就能够认识到，所有这些模式构建的理论都有着自身的规定性及内在的局限性，其本质性的缘由则在于这些模式构建理论逻辑起点的价值取向的限定性。

"结构模式"构建理论，虽有其合理性，并对构建高校德育模式有着启示和借鉴的意义，但这一模式构建理论的逻辑起点并不是"以学生为本"，而是把其逻辑起点限定于"活动的结构性在其价值论视野中"，所关注的基本问题是学校德育活动及活动过程中所凸显出的基本特征或特点，关注构成要素之间的关系组合与协调，因此，这一模式构建理论以提出"结构模式"为旨归，对于学生在学校德育活动中的价值作用或地位确实没有关注。

也可以说，这一模式构建理论在其逻辑起点的价值取向上就把学生排除在学校德育活动过程之外，忽视了构建学校德育模式对于学生思想道德品质的形成与发展的意义。但问题是，我们构建学校德育的某种模式，其目的和价值并不在于构建了何种模式，而在于有效地设计和组织学校德育活动，形成和提升学生的思想道德品质。从这一意义上讲，"结构模式"的构建理论，其逻辑起点就是把学校德育引向某种模式的追求，把"活动的结构"作为学校德育存在的本体。如此，就在价值论层面上扭曲了学校德育的本体。

"形式模式"的构建理论是把其逻辑起点确定于"观念的抽象"。因此，在其价值论视野中，这一模式构建理论所关注的基本问题则是在思想观念上对客观事物的认识和把握，以获得观念性的"理论模式"为宗旨，而对于学生这一价值主体在学校德育活动中的作用和地位并不是这一模式构建理论所关注的核心。这一模式构建理论在其逻辑起点上就没有关注学生，而是关注对学校德育活动的特征、要素、关系等在观念层面上的把握，关注所构建的理论模式是否具有理论抽象所遵循的逻辑合理性。从这一意义上讲，"形式模式"的构建理论，其逻辑起点就是把学校德育引向理论模式的抽象，把抽象的观念作为学校德育存在的本体，也是在价值论层面上扭曲了学校德育的本体。

"假设—验证模式"构建理论，在其逻辑起点上也把学生这一价值主体排除在学校德育活动过程之外，因为这一模式构建理论的逻辑起点在于"假设"，虽然这一模式构建理论的方法论对于我们探究构建高校德育模式有着指导性意义，但其逻辑起点的价值取向的规定性，就决定了这一模式构建理论的价值取向：以假设为起点，以验证为过程，以构建模式为旨归。从这一意义上讲，这一模式构建理论，在其逻辑起点上就把学校德育引向"假设—验证"之路，把学校德育的本体归结为对"假设"的"验证"，把学校德育活动作为一种尝试性的"试误"过程。因此，这一模式构建理论也在价值论的层面上扭曲了学校德育的本体。

从逻辑起点的视角来分析上述几种模式构建理论，其目的并不在于分析上述几种模式构建理论的得与失，而在于说明，无论把模式构建界说为"活动的结构""观念的抽象"抑或是尝试性的"假设—验证"，都是把构建某种模式为依归，而并没有把学生这一价值主体确立在模式构建的逻辑起点上，没有以学生思想道德品质的形成与提升作为模式构建的价值取向，也因此都在价值论层面上扭曲了学校德育活动的本体。

2. 社会、个人、教育者之间的价值权衡与协调

满足社会及个体的价值需要，是我们构建高校德育模式的基本任务和目标指向。我们构建高校德育模式，不能够、也不应该再出现时而社会时而个体的单极性价值取向偏移或摇摆的偏颇。

实施高校德育的教育机构这一现实的教育实体——高校德育教育的实施者与高校德育模式之间是"价值无涉的"，不存在实施者自身的价值需要。如果高校德育教育的实施者与高校德育模式之间是"价值无涉的"，或不存在高校德育实施者自身的价值需要，那么高校德育教育的实施者又是如何思考高校德育及高校德育模式能够"提供什么"的问题。"要什么"毕竟不是能够"提供什么"的问题。

如果仅仅把"要什么"作为高校德育教育者选择或构建某种培养模

式的唯一的或全部的价值,那么高校德育教育者也就确实是"价值无涉的"。但事实上却恰恰相反,任何一种教育,特别是德育,不可能呈现出教育者与所构建的模式之间是"价值无涉的",教育者的价值观直接影响和渗透于学校德育模式的运行过程中。

（二）网络影响下高校德育模式构建的方法技术

1.明晰高校德育活动的目的,确立模式构建指导思想的方法技术

虽然高校德育的目的是高校德育活动的首要问题,也可以说,它不仅是高校德育活动的起点或归宿,而且指导或支配着高校德育模式运行的整个过程。但明晰高校德育活动的目的并不是人们想象的那样简单,而是一个需要恰当的方法技术的复杂问题。如果我们不能够明晰网络影响下高校德育的目的,那么所构建的网络影响下的高校德育模式就缺乏了其运行的明确指向性。

明晰网络影响下高校德育活动的目的,首先要做的工作就是区分高校德育活动的一般性目的和时代特色指向性目的。

高校德育活动的一般性目的不外于两个方面的基本取向：一是高校德育活动的社会取向性目的,二是高校德育活动的个体取向性目的。虽然在不同的历史时期或不同的社会制度下,高校德育活动的目的可能存在着上述两个取向性的偏重或侧重,而完全单极性的取向不能够说是不存在的,但也只是特例或在特殊的历史时期。所以,在一般状况下,高校德育活动的目的是追求两个基本取向的和谐与平衡。

所谓高校德育活动的时代特色指向性目的,主要是指在高校德育活动与社会发展变化一致的前提下,高校德育活动目的与社会发展变化的特色性或特征性的适切性关系,即社会发展变化的特色对高校德育活动目的的影响、制约和要求在高校德育活动的目的中的反映。如在我国改革开放和建设有我国特色的社会主义这一时代特征下,就要求高校德育活动的目的要适应这一时代特色的要求,因此,这一时期的高校德育活动就具有了时代特色指向性目的。如果把这一宏观性的时代背景微观化,那么在我国特色社会主义建设的历史过程中又分为不同的历史阶段。

不同的历史阶段,高校德育活动就具有不同的时代特色指向性目的。确定或明晰高校德育活动的这种时代特色指向性目的,主要是凸现

高校德育活动的时代特色性,突出高校德育活动目的的时代特性或特征属性,以确立高校德育模式构建的指导思想。

那么,应如何析出网络影响下高校德育的时代特色指向性目的以确立网络影响下高校德育模式构建的指导思想?

以"人文理解"和"价值识别"相结合的方法技术,确立网络影响下高校德育模式构建的指导思想。

我们以往的高校德育,其模式以课堂规训和说教的教授为主,其内容则以知识、规范、准则等为主体,明显地凸显出"强制灌输"的性质。虽然现代德育教育思想也重视学生的主体性,但学生的这一主体性却成为转化理论的逻辑支撑,而不是以学生的主体性为实施高校德育的逻辑起点。应用"人文理解"的理论作为我们析出高校德育面对网络影响的时代特色指向性目的,来确立模式构建的指导思想的方法技术,就是要使我们所构建的高校德育模式确立"以学生为本"的思维视野和逻辑起点,把灌输的方式改变为价值引导,让大学生这一主体积极参与到高校德育活动的过程中。不是以大学生记住道德方面的"知识、规范、规则"等内容,而是营造一种人文氛围,发展大学生的道德审美意识和能力,完善大学生的道德人格,使价值引导与大学生的自主建构有机地结合起来。

以往的高校德育,基本上以"知识缺陷"的主观判断为依据来指导高校德育的实施,从主观上认为学生"缺少"高校德育将要传授的"道德知识、规范、准则"等方面的知识内容。这一认识论也决定了以往的高校德育模式的价值取向。我们应用"价值识别"的理论作为一种方法技术,就是要改变这一想当然的主观臆测,把"知识缺陷"改变为价值引导。

2. 明晰网络影响下高校德育活动结构的方法技术

所谓高校德育活动结构,主要是指构成高校德育活动诸要素相互联系和相互作用的方式,即构成高校德育活动诸要素在时间、空间、人际间的相对位置和在不同性能等方面的相互搭配及相互间的联结方式。其表现形式为:一是要素间时空结构关系,二是相互联结方式。如果说在前面所分析网络影响下高校德育模式构建的方法技术还主要是观念层面的策略和指导思想两个方面,那么在此则主要是明晰网络影响下高校德育的活动结构,即在网络影响下高校德育活动诸构成要素间的时空结构关系和相互联结方式。这两个方面则现实地呈现出网络影响下高校德育模式的基本框架。从这一层面上讲，以什么样的方法技术来明晰网络影响下高校德育活动结构，对于网络影响下高校德育模式的清晰呈现就显得十分的关键。

第六章
校园环境下的高校德育工作创新探索

在高校德育工作的开展过程中,校园环境是一个不容忽视的因素。大学生大部分时间都处于校园环境中,不管是生活还是学习都受到校园环境的影响。高校德育工作的开展需要对校园环境给予足够的重视,充分利用这一因素开展德育工作。本章就针对校园环境下的高校德育工作展开分析与探讨。

第一节 高校德育环境下的以德治校

一、以德治校概述

（一）以德治校的内涵

"德"的狭义是指人的道德。"以德治校"的"德"是包含道德和思想、政治品德和政治品质的广义概念。它可划分为四个层次:

一是个性心理品质,它是指个性倾向(包括需要、动机、兴趣、信念)和相对的静止特征(包括气质、性格)等;

二是伦理道德,它是在处理人与人之间、个人与社会集体之间的关系时所表现出来的思想情操和道德品质,如爱国守法、明礼诚信、团结

友善、勤俭自强、敬业奉献等;

三是职业道德,它是人们在从事特定职业活动过程中形成的、比较稳定的道德观念和行为规范,如爱国敬业、诚实守信、办事公道、服务群众、奉献社会等;

四是政治素质,是指受一定社会政治形态影响和制约、对人的立场、观点、方法起决定作用的内在规定性,如大公无私、遵纪守法、同心同德、公正廉洁等。"德"是人才要素中的核心内容和灵魂。

由于学校中"德"的载体不同,可以大致把道德分为教职员工拥有的"师德"、高等教育管理者拥有的"官德"、大学生拥有的"生德"三大类。"治"是指管理、统治、研究、惩罚等。"德"和"治"合用,意为用道德凝聚人心,感化师生,规范校风。从本质意义上来看,以德治校就是以德育人。

(二)以德治校的主体

以德治校的主体,一是学校行政领导和管理者(以下简称为干部)。作为掌握大量教学资源的权力所有者,他们既是以德治校的责无旁贷的主体,更是以德治校的核心主体。二是教师。教师与学生朝夕相处,他们的品德修养、人生价值观取向,以至一言一行,对学生无不起到耳濡目染、潜移默化的影响。教师的言行是学生最好的榜样,教师的道德水平和思想素质是学校向学生施加道德影响力的最核心因素,教师当然成为以德治校的基础性主体。

特别需要指出的是,就个体而言,都有一个终身学习的过程,学校干部、教师既是以德治校的主体,又是以德治校的对象,其个体道德水平的发展和提高也是以德治校的重要环节和健康运行之关键。

(三)以德治校的内容

1. 宏观层面上构建完整的以德治校体系

在市场经济条件下,由于诸多因素的影响,道德建设工作环境日趋复杂,单一的教育格局无法满足德育目标的实现,因此,创造学校、家庭、社会相结合的大德育工作格局,构建学校、家庭、社会共建德育的运行机制是十分必要的。在这个大德育工作格局中,学校内部如何构建完整的"德治"体系尤为重要。

首先,全面系统地贯彻执行党的教育方针,把德育工作放在学校各项工作的首位。为了有效地实施以德治校,就必须把德育工作纳入重要日程,制定道德教育的整体规划,找准对师生进行德育的有效载体,持之以恒、常抓不懈,引导师生树立正确的世界观、人生观、价值观,增强他们对马列主义的信仰、对中国共产党领导的信任、对社会主义制度的信心,增强立志成为社会主义建设事业接班人的信念。

其次,把以德治校制度化、规范化,建立良好的德育评议、评估机制。

最后,以德治校还必须重视社会教育和家庭教育的作用。学校在实施以德治校过程中,要积极引导、巧妙施教,加强与家长的联系与沟通,取得他们对以德治校的理解和支持,尽可能减少家庭教育、社会教育和学校教育的矛盾,注意三者的协调,形成德育合力。

2. 微观层面上以德育人

首先,要求干部要以德修身,修养"官德"。"以德治校"的"德"既包括存在于身外的行为规范或行为准则,也包含职业生活中必须具有的内在观念和行为品质。作为掌握学校大量资源的干部,必须首先成为高尚道德的身体力行者,先修自身,勤政为公,廉洁自律。学校管理者要坚决反对营私舞弊、弄虚作假,抵制假文凭、假成果,杜绝权钱交易,防止贪污受贿。

其次,要求教师要以德修身,修养师德。教师以德修身,就是要树立以学生发展为本的理念。整个教育过程必须以学生的身心发展特点和成长规律为出发点,采取积极主动、富有成效的方式,激活每个学生身上的潜能。工作实践中,不但要重视学生文化知识的培养,而且要加强综合素质的培养,使其具有丰富的精神世界和高尚的道德情操。学生是有血有肉有生命的人,由于遗传因素、社会生存条件和个人生活经历不同,他们的气质、性格、智力、兴趣爱好各不相同,这就要求广大教师用发展的眼光、创造性的劳动,因材施教,因势利导,遵循素质教育的要求和学生道德心理发展规律,从实际出发,灵活多样,组织学生参加力所能及的社会实践活动。不能整天把学生禁锢在教室里和书本上,应让他们在社会实践中开阔视野、增长才干。同时培养他们热爱劳动的习惯、实践第一的观念和为人民服务的精神,把他们培养成为社会主义现代化建设事业的建设者和接班人;教师以德修身,更要树立师生平等、民主的观念。时代在发展,社会在进步,教师必须突破传统师生关系上的领导与被领导、管理与被管理的陈旧观念,建立科学、民主、平等的新型师生关系。尊重学生的人格,尊重学生的人身权利,尊重学生在学习方面的思考,尊重学生主动学习的精神,尊重学生创造思维和求异思维,多一些义务观念,少一些师道尊严,自觉地帮助学生,服务学生,坚决杜绝一切体罚或变相体罚的现象。

最后,要求学生要以德修身,修养"生德"。学生是校园道德生活的主体,学生是教育的对象,也是教育的主体。实施以德治校,离不开领导和教师的指导、示范,也离不开学生的参与、践行。要使学生成为德、智、体全面发展的人,学生就要做到:第一,认真学习理论,提高道德认识;第二,积极参加实践,提高道德素养;第三,加强"养成"教育,规范日常行为,坚持自我教育,注重道德修养。对待社会道德失范现象有个正确的处理方式。需要指出的是,社会道德失范现象对学生的影响程度如何,很大程度上取决于学生自身对这种现象的自我调适能力的高低,这就要求德育工作者更新思维,在德育中充实和丰富学生自我成长、自我教育、自我调适的内容,培养其健全的人格,不把学生的德育和心理教育割裂进行。

二、以德治校与高校德育制度建设

(一)当前高校德育制度建设和以德治校的关系

首先,明确具体的德育制度可以克服以德治校内容过于宽泛、难以把握的先天不足。德育的内容丰富而宽泛,使它的表达往往难以系统和明确,通常只是希望人们做出某种行为的一种主张原则,当它一旦获得制度的确认,就具有了明确具体的表达形式,使道德原则成为易于遵循的具体行为准则。制度是抽象的、概括的,可以被反复使用的规范体系,通过制度性的安排可以统一地对同类道德主体的行为进行同质的确定性指引,对全面准确保障以德治校目标的实现有着基准和指南的作用。

其次,德育制度的他律性可以弥补以德治校中道德自律性的不足。道德的约束力主要是依赖个体良心谴责和社会的道德评价,但都是内在化的,是自律性的,并无强制力的保障使违反者一定受到制裁,而道德原则一旦被制度予以确认就有了执行强制力,给道德以实施的刚性,违者必究的他律性弥补了自律的不足。

最后,德育制度本身就是以德治校的标志。学校通过具体制定和执行德育制度,体现了以德治校的价值选择和制度保障,是以德治校思想的外化和具体化,德育制度是在以德治校的观念指引下确立起来的,其中渗透了以德治校的全部精神要义,没有德育制度的以德治校将只是口号。通过制度的确立和执行,营造出制度德育环境,高校德育环境建设的一个重要任务,就是建立由制度参与、制度实践和制度反馈等相互关联、层次递进、运转灵活、富于成效的制度德育环境。从这个层面上来说,德育制度本身就是以德治校的标志。

(二)当前高校德育制度建设的主要问题

从根本上看,制度并不是万能的,制度的他律性和德育最终追求的内在自律性并不一致。制度着眼点在于对违反者的惩罚,违反者是迫于外在制度的强制压力而非发自内心的自律;制度的强制性还与德育的主体性意识构成一对矛盾,因为道德主体可以不带任何感情地机械地遵守制度,而道德素质仍可能停留在粗鄙状态。德育的目的是造就学生成为具有自主的道德意识、道德行为的社会成员,制度对此往往容易陷于无为。另外,制度往往具有滞后性(稳定性的反面),社会变化往往给德育提出新课题。但制度的变化往往会落后于现实要求,构成一个相对的空白。

从现实德育制度建设状况看,还存在如下几个不足。

第一,德育制度本身价值定位不一。德育制度价值在于实现德育目标,德育强调主体意识的激发和培养,而从德育制度建立过程看,很少有学生自主参加和自发订立,往往是单向地由校方制定,学校的德育规范与德育制度并没有征得学生的同意。出于单纯便于管理的角度和自身的原因,将本应由学生相互协定的规范由学校包办代替了。有些制度,实际上是学校和教师单方面的要求,体现着校方的道德观念,却以牺牲学生的个体道德认知的自我发展为代价。

第二,德育制度的重点错位。当前高校德育制度的重点往往放在纠正学生的"错误行为"即学生在日常生活中所形成却不受学校德育制度所欢迎的行为上,而不是放在养成积极健康的行为上。消极地惩戒多,正面地引导少。德育制度变成了单纯束缚学生自由的工具,管得过死的现象屡见不鲜。

第三,德育制度对学生生活的覆盖不足,往往只限于对教室、宿舍等重点场所的监管,却对学生整体生活缺乏渗透,德育流于形式,并没有贯穿学生生活的始终。

第四,德育制度解释和适用比较混乱。制度中如果就同一对象的同一行为作出了不一致的规定时,适用哪款规定就有了疑问,这点在一些刚刚合并完毕的高校中体现最突出;另外在解释和适用主体上,一般是由管理部门来承担,但起草部门是否也有解释权呢?他们对建制意图体会最透彻,他们来解释和执行各项制度,最容易符合当初建制的本意,而且在很大程度上会避免处理学生问题时因恣意武断而造成的后果。

第五,德育制度的合法、合理性上也缺乏必要的审查机制。规章制度内容不当,有的直接违反有关法律规定。如制度中涉及行政管理职权,按照相关法律的规定,在行使行政职权时应当以法律授权为限,超越授权的行为和规定对管理对象不产生任何法律上的效力。在学生处分和校园行为管理中,罚款等越权规定屡见不鲜,对学生的纪律处分上,没有相应的告知和听证制度,对学生权利的处分过于粗糙,引起诉讼后学校处境往往被动。

(三)高校德育制度的完善

完善高校德育制度是个重大的理论课题,有待进一步实践总结和理论探讨,现仅就其基本原则进行初步的探讨,我们认为要完善高校德育制度就必须确立如下几个原则。

第一,方向性原则。德育制度应该是国家教育方针、法律法规和有关政策的具体体现,应当与高校确立的德育总目标相一致,学校的各项规章制度应该服从、统一于学校工作的总体目标和要求,契合同一道德取向和主流意识,绝不能与之相抵触、相背离。建立任何制度时,必须首先把握这一点。

第二,民主参与原则。即让学生来参与制定、选择学校的德育制度,并且涉及对个体不利处分时必须给予其他个体参与权,引入听证等民主程序,使得制度本身的正当性加强。道德是社会的共识,制度的基础在于共同约定,德育制度要真正起到对学生的教育、导向作用,必须得到学生的理解和支持。

第三,留有余地的原则。制定德育制度时,应当保持一定的弹性条款。如可以确立高校德育委员会对该制度中具体适用中有争议的条款的解释权,并且赋予其解释与制度本身的规范同等的效力,从而在实践中不断充实和发展德育制度。

第四，指引性原则。德育制度应当与德育目标一致起来，不是事后的惩戒，而是将事前的确定性指引作为其重点，在学生生活的方方面面树立起正面的行为指向，不仅仅是起到消极的道德评价作用，更要达到规范日常行为的积极的指引功能。

三、以德治校与高校思想政治工作

（一）高校学生思想政治工作的价值

具体来说，高校的思想政治工作有如下几点重要价值。

首先，它呼应当今社会发展的需要。当前我国正处于改革的深化阶段，各种矛盾和利益冲突日益显露，多种价值观和世界观交织错杂。为实现社会的持续发展，有必要进行共同信念和理想的整合和打造，对青年大学生进行思想政治教育是奠定社会持续发展的重要一环。

其次，是学生全面发展的需要。学校作为培养人才的摇篮，除了传播文化知识外，育人是根本性的任务，即要教学生做人。

（二）高校思想政治工作面临新形势

高等教育结构性改革目标尚未实现，思想政治课教学环节有待进一步的摸索和创新。与改革开放、经济体制转型大趋势相适应，我国自1993年以来推行了全面的高等教育课程体系的改革至今，中国高校的改革和发展到了一个关键时刻。无论是从国内经济社会发展还是从国际竞争的角度，对人才的渴求给中国的高等教育事业提供了前所未有的机遇，同时也提出了极其严峻的挑战。我国对高等教育诸项重大改革的主要目标之一，就是要把计划经济体制下形成的高等教育转化为市场经济体制下的高等教育。在这一过程中，对课程的改革是基础性的工作，又是一个亟待突破的重点，在先后修订过三次的高校思想政治读本以及相关教科书中，目前还很难说已经达到了改革的总体设计要求，尤其是思想政治课的教材和教法尚待完善。

（三）以德治校对高校学生思想政治工作的意义

首先，以德治校的总体目标和体制为高校学生的思想政治工作提供了方向指引和制度保障，使思想政治工作渠道多样化、层次化。以德治校的方针一旦在高校得到制度化和目标化,作为以德治校载体的思想政治工作就有了开展的平台和具体要求,有了确定的目标指引和制度保障,有助于形成学生思想政治工作的合力,并且极大地突出思想政治工作的主体地位。

其次,以德治校有助于高校学生思想政治工作的自我完善,有助于教育对象个体健康成长。以德治校的本质是以德育人,对干部、教师、学生养成高尚的道德品质提出了较高的要求,无论是教育的实行者还是对象,都受到以德治校方针的约束,自我管理行为、攀升道德品质对思想政治工作的自我完善提供了良好的源泉和动力,也保障了思想政治工作沿着正确的方向前进。

最后,以德治校为高校学生政治思想工作开拓了更为开放、优越的环境。在以德治校的总体机制中,校园内的一切活动都围绕这个基本出发点和归宿来实现育人目标,这既符合思想工作无处不在的特性,也为思想工作的顺利推行创造了良好的环境。无论是校园基本设施建设还是人文环境的再塑造,都为高校学生政治思想素质的提升提供优越的条件。

第二节 高校德育环境下的校训

校训,是高校德育环境建设的重要载体,它是校园文化的核心内容之一,是校风建设的灵魂,集中体现了一所学校的办学特色。从古到今,国内到国外,办学者往往非常重视校训的制定与传播。优化的高校德育环境,必然有震耳发聩的校训在其中闪光,并警示和激励莘莘学子发奋努力。

一、校训是德育环境建设的重要载体

作为一名大学生,毕业以后,对大学生活留下了无限眷恋。大学是人生的驿站,是知识的殿堂,是学生走向社会的起跳板。大学的教室、图书馆、宿舍、餐厅、操场伴他们度过了几年春秋,老师和同学们的音容笑貌留在他们永恒的记忆里。但是,学校的校训作为德育环境建设的重要载体,对他们更是影响深远。在校期间,校训起到特殊的教育作用,是学生精神的支柱、行为的向导。走出校门,许多学生已把校训内化为自己的内在品质,成为他们一生的精神财富。

（一）校训是一所学校办学特色的集中体现

从专业建设特色来讲,例如,北京大学的文科、清华大学的理工科、天津大学的桥梁专业、郑州大学的化工专业等,都形成了自己的特色,大大提高了学校的知名度,学校的招生,学生的就业,红红火火,几乎长盛不衰。从建筑、绿化特色来讲,湖南大学的岳麓书院、广西大学的碧云湖、武汉大学依傍东湖的樱花和桃花,都是极具特色的校园环境,给学生留下了终生难忘的印象。然而,最集中体现一个学校办学特色的载体,就是校训。校训,是一个学校特性的体现,是长期办学过程中形成的特点、精华的概括,是这所学校精神的反映。

校训作为一种独特的文化表现形式,为校园人所感知,使校外人也很容易通过校训了解学校,把握学校特征。如大连医科大学校训:"健康所系,性命相托",响亮的八个大字,道出了该校对学生的基本要求:为了人民的健康和生命,要掌握过硬的知识和本领。哈尔滨工业大学的校训:"规格严格,工夫到家"。这个校训语意双关,简单明了,它告诉学生,一是工业产品的规格极为严格,二是对学生培养的要求极为严格,必须获得真知识,练就一身硬本领,才能适应未来工作。

全国高校,由于办学规模大小不同,办学层次有高低之分,办学历史有长短之别,所以各自的办学特色亦不相同。有些甚至办了几十年,仍未办出自己学校的特色,固然也搞了个校训,只不过是装装门面而已,实际上并不能反映出学校特色。因此,所有高校都应该在自己的办学特色上下功夫,并且以办学特色为基础,总结概括出自己独特的校训。

（二）校训是一所学校校风建设的灵魂

德育环境建设的重要任务之一是校风建设。校风一般由教风、学风、领导作风诸方面因素所组成。教风,主要指教师的教学作风。教学作风体现在教师教学实践的各个环节上,并以教师的自身素质、教学内容和教学方法诸方面的表现为甚。教师的素质决定着教师以什么样的言行形成一种对学生影响的环境。真正教风好的老师，能做到教书育人，寓思想教育于各科教学之中。学风，是指学生的学习风气。这是一个无形的但影响力很大的德育环境因素。学风良好的学校，学生不仅学习动机端正，遵守学校纪律，能普遍地刻苦努力学习，而且这种环境对学生良好品德的培养有巨大的促进作用。领导作风，主要是指领导班子的精神状态和领导部门的工作作风。从某种意义上讲，建设良好的德育环境，领导作风是关键。一个学校领导班子的状态，很大程度上决定着学校的面貌。假如领导班子思路清楚、团结一心、朝气蓬勃，学校就会出现办学指导思想正确、上下奋力拼搏、长足发展的良好局面。

良好的校风是一个学校办学风格的标志，也是德育环境建设致力的目标之一，能对学生起到潜移默化的作用。校训与校风建设有什么关系呢？校训是校风建设的灵魂，校风建设内在本质的东西，进行提炼和升华，形成校训。校风建设假如没有校训，就像没有灵魂的人一样，"虽然活着，其实已经死了"，最多是一具僵尸而已。如果仅有校训，而没有校风这个载体，被称作灵魂的校训，只能如神话中的幽灵，在半空中飘荡，谓之魂不附体。如此说来，校风与校训实乃是形与神的关系，形式与内容的关系，现象与本质的关系，它们互相依存，缺一不可。

（三）校训是一所高校校园文化建设的核心内容之一

校园文化的基本方面如下：

一是活动的内容——学术、科技、体育、艺术和娱乐；

二是校园文化的性质——社会主义和民族的；

三是校园文化的品位——高雅；

四是质量要求——最好的小环境；

五是校园文化与社会文化的关系——积极促进大环境的优化。

从这里我们不难看出，国家对校园文化建设极为重视。校园文化与德育环境的内涵不同。校园文化是一所学校特有的文化现象，是校园的制度文化和精神文化的总和，它不包括校园的物质文化等方面。而德育环境的内涵非常宽泛，是在校园范围内围绕于学生周围的各种事物的总和。因此，校园文化建设是德育环境建设的一个重要组成部分。要形成良好的高校德育环境，必须高度重视校园文化建设。

二、校训的制定及传播

校训的制定包括校训内容的选定及制定的办法等有关问题,这是一个慎重而严肃的大事情,不可草率行事。校训一旦确定下来,不可轻易更动,并且要通过多种形式进行广泛的宣传,力求让它和学校的名字一起在校内和社会上广为传播。

(一)校训内容的选定

校训的内容涉及面比较广。不同的高等院校,可以根据自己不同的情况选定不同的内容。一般来说,有如下几个方面的内容。

1. 表述学校的办学理念

办学理念是一个学校办学思想、办学风格、办学目标的哲学思考,是办学者坚定不移的理性的追求和努力的方向。胜人一筹的科学的办学理念,体现了办学者的聪明睿智,标志着学校的发展思想,决定着学校的发展模式。例如,清华大学的校训为:"自强不息、厚德载物"。这短短八个字,寓意无穷,广播四海。这八个字出自《周易》的乾卦和坤卦中。乾卦和坤卦在《周易》六十四卦中分列第一和第二。乾的性质是刚正,"天行健,君子以自强不息",充满了乐观主义的奋斗进取精神;坤的性质是柔顺,"地势坤,君子以厚德载物",充满了忧患意识与包容精神。这两卦是《周易》六十四卦的枢机与纲领,两卦互补的两种人文精神,是影响我们民族数千年的中华之魂。

正如张岱年先生指出的,中华精神集中表现于《易传》中的两个命题:"天行健,君子以自强不息""地势坤,君子以厚德载物",一个是奋斗精神,一个是兼容精神,这两点可以看作中华民族的主要表现。清华大学将《周易》卦辞中的八个字取来用作校训,可谓用心良苦,高人一筹。

在清朝末年,中华民族危机飘摇的时期,培养中华民族大批优秀儿女的清华大学,一方面必须具有奋斗进取精神,另一方面必须兼容并包各种学术流派,探寻中华民族兴盛之真理。时光的流逝已充分证明,清华大学作为我国的一流高等学府,为中华人民共和国的建立及中华人民共和国成立后的"四化"建设做出了巨大的贡献,目前,清华大学继续在校训的旗帜下阔步前进。

2. 反映学校的学科与专业特色

我国高等教育制度及其特点决定了大学生学习的专业性、成才的专业性，也关系着大学生今后的职业方向。专业是高等院校根据社会专业分工需要所分成的学业门类。为了有计划地培养国家所需要的各种专门人才，根据国民经济所需要专门人才的规格与数量，确定专业设置计划。无论是本科院校还是高等专科学校，按学科门类大体可分为文、理、工、农、林、医药、师范、财经、政法、体育、艺术等学科，在每类学科下又设置不同的专业。学科与专业性教育是高等教育的突出特点。反映学校的学科与专业建设特色，是选定校训内容的重要依据之一。

如北京师范大学的校训为："学为人师，行为世范"，将师范二字巧妙地包含在校训中，对从事教师职业的学生提出为人师表的要求，前后对仗，寓意深刻，表明制定校训者深厚的文学功底，这是校训中难有的上乘之作。这个校训除对学生的知识、学问要求之外，特别提出了对学生培养的师德要求。师德是从事工作时应遵循的行为规范和必备的品德。我国古代的大教育家孔子，被后人誉为"至圣先师""万世师表"，他热爱教育，终生授德，诲人不倦，成为教师职业道德的楷模。北师大的校训中"学"与"行"相对应，前者指学问、知识，后者指行为、实践；"人"与"世"相对应，前者指所有人，后者指长久、终生；"师"和"范"相对应，前后均指学习的榜样，为人的楷模，二者合起来，又巧妙的使用了"师范"一词，真乃匠心独具。"学为人师、行为世范"，把北师大办学的学科、专业特色勾画的惟妙惟肖，对教职工及学生都有强烈的感召力、震撼力。

3. 表明学校弘扬的精神和思想

北京大学的校训："勤奋、严谨、求实、创新"；吉林大学的校训："求实创新，励志图强"，西安交通大学的校训："爱国爱校、追求真理、勤奋踏实、艰苦朴素"。这些校训把一些词组有机排列，集中体现了学校办学的宗旨、育人的方向和治校精神。

洛阳理工学院的校训尤其颇有特色。洛阳理工学院在党委书记、校长赵金昭的带领下，多年来，致力于德育环境建设，制定的校训是："静以苦读，动以创新，品格至上，他人第一。"该校校训释义如下：

文武之道，一张一弛；学问之道，动静相辅。静如处子，心无旁骛，无论寒暑,无论贵贱,无论顺境逆境,以读书为第一要务。板凳宁坐十年冷,文章不著半句空。只有苦读,学问方能根深蒂固。浅尝辄止,游戏人生,只能养成虚名浪子。苦读乃刻苦读书之谓也。

继承发展,推陈出新,乃社会前进之根本。苦读方能厚积,厚积为之薄发。六经注我,我注六经。只能读书,不能创造,乃两脚书橱。只能守黑,不能知白,乃银样腊枪。人无我有,人有我优,知一反三,别出机杼,动在他人未动之前,方能独领风骚数百年。创新乃创造新物新理之谓也。

十年树木,百年树人。树人之要,乃在健全。德智体美,乃健全人格之必须,究其核心,应推德育至上。爱国家,爱人民,知伦理,知礼仪,富有人性者,方可造福人类。品格低下,利欲熏心,纵是学富五车,于社会何益之有?

洛阳理工学院校训集中体现了办学者对学生坚定的培养目标,体现了德育第一的思想。毛泽东在《体育之研究》中说,无体是无德、智也。与此相同,可以讲,无德是无体、智也。无德之人,轻者,可以说对国家无用;重者,可以说会成为国家的罪人,民族的败类。有人说,在市场经济条件下,要求学生"他人第一"合时宜吗?我们说:非常合时宜,并且必须这样做。不培养千百万具有"他人第一"思想的人,中国社会主义的未来还有希望吗?一事当前,先为个人打算的人,我们宁愿少要些,甚至一个不要才好,这也是洛阳理工学院校训的高人之处。

4.反映学校的文化内涵

清华大学的校训"自强不息,厚德载物",恰当准确地反映了该校的悠久历史和深厚的文化底蕴。暨南大学校训:"忠信笃教",注重以中华传统道德文化培养造就人才。南开大学的创始人严修和张伯苓先生在制定校训时,有感于当时天下人私心太重,提出南开的学生要有"公心",要以天下为公,所以有了南开大学"允公允能,日新月异"这样一个古香古色的校训。

武汉大学的校训:"自强、弘毅、求是、拓新",从字面看,完全是现代词语,但读过该校对校训的解释,就知其中蕴含着深厚的传统文化。校训中各词的出处是:"自强"一词出自《周易》:"天行健、君子以自强不息。"意为自尊、自重、奋发向上。自强是中华民族传统美德,成就事业当以此为训。该校最早前身为"自强学堂",其名也取此意。"弘毅",出自《论语》"士不可以不弘毅,任重而道远"一语。意谓抱负远大,坚强刚毅。该校 20 世纪 30 年代校训"明诚弘毅"就含此词。"自强""弘毅"既概括了上述含义,又体现了学校的历史纵深和校风延续。"求是"出自《汉书》"修好学古,实事求是"。"拓新",意为开拓创新,不断进取。

再如浙江中医学院的校训:"求本、远志",源于几千年来源远流长、深刻反映中华传统文化的中医。"求本"源于《黄帝内经》"治病必求其本",这是中医治病的最基本原则。"远志",系一味中药名,为多年生草本植物,有益智、宁心安神之功效,其字面又有远大志向的意思。这个校训蕴含中医事业"悠悠数千载,发展之脉络、科学之道理,非囿于源;继承之道,发扬之理乃现代科学统合之意,旨在立志创新"。制定此校训的目的,在于示警明志:求根探源、应立远志。该校训是古老与现实、传统与创新的完全结合,很有特色。

（二）校训的制定办法

校训对外关系到学校形象,对内关系学校的办学思想、办学风格、人才培养目标等,因此制定校训要采取非常谨慎的方法。

一般有两种方法:

1. 通过一定的民主程序进行确定

民主程序可简可繁。简单的办法是由学校党委书记、校长或资深教授、学者提出校训方案,经党委会或党政联席会研究通过,颁布使用即可。或者召开范围较大些的党委扩大会、党政联席扩大会议,吸收部分中层干部、教授、学者共同讨论通过,之后颁布实行之。这里,我们重点介绍一种虽然烦琐一些但是比较规范的通常使用的方法。

（1）学校领导层作出制定校训的决定。

（2）组织专门班子或确定专门人员负责,向校内甚至校外广泛征集,为学校提供校训方案。这可以作为一种活动来进行。

征集校训的过程,就是宣传学校的办学思路、领导的治学思想、学校的奋斗历史的过程,可以增强学校的凝聚力,引导教职员工及学生共同参与讨论学校的发展目标、人才培养规划、用什么样的语言才能表述明确学校内在的灵魂的东西。如果向社会各界征集校训,也是让社会各界了解学校、支持学校的一个很好的活动。

（3）初选。通过征集,可能收到许多校训方案。例如,洛阳理工学院公开在校内征集校训方案，活动搞得热热闹闹，在职教职工、离退休干部职工及相当一部分学生都参与进来，尽情地展示着大家的才华和水平，一共征集了几百个校训方案。组织专门班子在对这些方案进行梳理、分类、认真讨论的基础上，评出初选方案。

（4）公开展示。将初选的方案及每个方案入选的依据在全校进行公开展示。以引起全校师生员工的争鸣和评判，并收集大家的意见和建议。

（5）组织专家学者研讨评议，推荐出少量的候选校训方案。

（6）候选方案经学校领导层研究认可后，提交学校教代会或其他代表性较强的会议通过，认定当选的方案。

当然，以上民主程序并非法定程序，不同高校可根据自己的具体情况，采取不同的民主程序来制定校训。

2. 通过名人题撰进行确定

这也是一种很好的方法，有不少高校采用此法确定校训。名人可以是党和国家领导人、社会名流、教育家等等，自己学校有名望的书记、校长、专家、学者也可题写。

由国家领导人题写的校训，如国防大学的前身是抗日军政大学，该校的校训"团结、紧张、严肃、活泼"是毛泽东在延安担任抗大教育委员会主席时题写的，沿用至今。鲁迅艺术学校的校训："紧张、严肃、刻苦、虚心"，也是毛泽东在延安时期题写的。

中山大学的校训："博学、审问、慎思、明辨、笃行"，是孙中山先生所题。湘潭师范学院的校训"团结奋发、求实创新"，是老一辈无产阶级革命家王震在该校 1985 年成立时题写的。

由名家题写的校训有很多，如清华大学的校训是梁启超先生所作；厦门大学的校训："自强不息，止于至善"，是在建校之初由投资建校的著名爱国华侨陈嘉庚先生所亲自定立的。浙江大学校训中的"求是"一词，是我国著名科学家竺可桢先生提出的；北京师范大学的校训是著名的书法家启功先生的作品。

（三）校训制定中的问题

校训成为高校的精神财富，已成为大家的共识。但是，通过对高校校训的观察和研究，发现还存在不少问题，主要表现在三个方面。

1. 有些高校对制定校训的重视程度不够

由于是否制定校训，有没有校训，仅仅是高等院校自己的事情，国家并没有作出硬性的要求与规定，这与学校办得好与不好，没有必然联系。不同高等院校对校训的作用认识不大相同，重视程度也不一致。因此，目前仍有相当数量的高等院校，至今没有自己的校训，甚至有些办学几十年，在国内外很有名气的大学，也没有自己的校训，这不能不说是一种遗憾。

2. 校训用词上重复现象严重

我国的高等院校，以公办为主，党的教育方针是一致的，国家对大学生培养目标要求总体相同。各个学校仅是办学历史长短不同，专业设置不同，地域分布不同，高等院校要倡导的精神和追求知识的愿望是共同的，校训所要表现的内容差别不大。所以校训在立意和选词的内容上，受到很大的限制，致使不少学校在校训用词上出现严重重复现象，一些学校的校训不仅用词完全一样，甚至连词的排列顺序也完全一致。

3. 对校训的宣传不够

不少高校制定出校训后，也通过一定方式在校园进行展示，如书写在校园内很显眼的墙壁上和楼房顶的广告架上，或铭刻在校门内的巨石上，印在宣传学校的画册上，等等，这都是很好的宣传办法。但是，有不少高校不注意通过各种宣传媒体进行宣传，因而校训的影响面不大，辐射力不强。互联网是一个新兴的有力的宣传媒体，但在网上找高校校训非常困难。进入高校网站，多数高校没有校训记载。许多高校有校训，只是没有进入网页而已。在网上公布自己学校的校训，应该说是举手之劳的事，可见对校训的宣传尚未引起部分高校的足够重视。明智的高校领导，应该特别注意让校训传播开来。

第三节　高校德育环境下的校园基本建设

高校德育环境的基本内容之一,是通过校园基本建设而形成的校园物质环境。物质环境,即校园中有形的、直观的、表象的硬环境,如建筑、道路、广场、喷泉、雕塑、水体、山林、绿化、文化设施等校园基本建设。校园基本建设的过程就是高校德育环境工程形成的过程。高品位的校园物质环境是高校德育的隐性课堂,是高校德育环境工程建设的一个重要组成部分。高品位的校园环境对大学生的健康成长发挥着育德、育智、育身的作用。

一、确立校园建设规划第一的观念

校园基本建设的规划设计,就是人们运用高超的智慧和科学的手段,实现合理配置和综合利用现代化的先进材料和规划区内的各种自然资源,创造天然造化和人工创造的和谐统一的校园环境。一个体现着布局科学、合理的校园环境,一个体现着现代化功能齐全的校园环境,一个体现着科技含量高、人文氛围浓的校园环境,一个富有创意、令人驰骋想象的校园环境,对于大学生学习科学文化知识、培养良好道德品质,无形之中具有鞭策激励作用。因此,高品位的校园环境建设必须确立规划第一的观念。

(一)校园基本建设规划的指导思想

高品位的校园基本建设规划,首先应遵循统一规划、科学布局、功能完备、特色显著、适度超前、可持续发展的原则。其次,校园基本建设规划应强调体现地域性、文化性、时代性和功能性。地域性是规划赖以生存的根基,功能性是规划的前提,文化性体现规划的内涵和品位,时代性体现规划的精神和发展,四者相辅相成,不可分割。其三,校园基本建设规划要有利于学科交叉和渗透,有利于提高教学、科研和管理水平。

特别是在使用功能上要满足现代化、信息化、智能化、多元化的功能要求。其四,校园基本建设规划要体现美学思想。规划设计建设而形成的校园环境,应表现出高等学校作为科学殿堂的一种神圣、崇高且震撼人心的科学美,一种与大自然环境相和谐的自然美,一种展示着丰富想象力和创造力的艺术美。

总之,校园基本建设规划要力求营造一种启迪思想的、富有科学文化内涵的、孕育道德精神的环境氛围。要使规划建设所形成的校园环境品位高雅,特色鲜明。

（二）校园基本建设规划的原则要求

1. 要坚持以人为本的原则

校园基本建设规划坚持以人为本,就是坚持以"一切为了学生,为了一切学生,为了学生一切"为出发点和落脚点。通过科学的校园基本建设规划,让校园里的一切建筑设施服务于大学生自由自在地学习生活和健康成长,营造出一种富有人性化的校园氛围。

学生是校园环境中的主体,校园建设从规划设计开始,都是围绕着如何为大学生提供一流的学习、科研设施,一流的生活、运动、休憩环境而展开的。校园基本建设规划坚持以人为本,就要运用建筑学、美学、环境学等各种学科知识,结合教育学、心理学、社会学的基本原理,科学地规划设计校园里的建筑、道路、绿化、人文景观等,为大学生营造学习、科研、生活、运动、休憩的校园物质环境;为大学生营造追求艺术境界、拥有健康心理、培养良好品质的高品位的校园精神环境。实现校园规划建设的功能布局美、标志性建筑美、生态环境美、人文环境美,满足大学生的多方面需求和实现大学生的全面发展。大学生身居富有人性化的环境中,能充分体会到生活环境的优美而舒适、自然而清新、宽松而便捷,能使自己的个性在其精神愉悦的环境里得到逐步完善和健康发展。

2. 要突出育人特色

高等学校不是政府机关,不是工矿企业,也不是单纯供人游览的园林景区,更不是豪华的闹市商业区。因此,高校的基本建设规划既不能像政府机关那样庄重肃穆,又不能像厂矿企业那样一味追求实用,也不能像园林景区那样过分强调观赏价值,更不能像闹市商业区那样刻意讲究装饰和奢华。高等学校是育人之地,育人之地的规划一方面重视使用功能,更重要的方面是重视育人之地的环境,务必要体现育人的特色。高等学校的一楼一瓦、一阁一景、一草一木都蕴含着特定的育人功能,都与大学生德、智、体、美的全面发展密切相关。突出育人特色是校园建设规划与其他单位建设规划的根本区别所在,也是高校基本建设规划的本质所在。因此,校园的基本建设规划应把育人环境作为高等学校的形象和标志来规划设计。

校园基本建设规划既要充分考虑有利于大学生学习、科研、生活、运动的使用功能,更要重视营造有利于陶冶大学生情操,有利于砥砺大学生品行,有利于培养大学生气质的高品位的校园育人环境。潜心设计,精心雕琢,使每一幢楼、每一条路、每一棵树、每一株花、每一片绿茵都能寄情含意,从而体现校园环境在育人过程中的熏陶作用和潜移默化的力量。

3. 要体现丰富的文化内涵

人类从野蛮到文明,靠文化进步;从生物人到社会人,靠文化教化。文化是人类在社会实践的历史进程中形成的知识体系、价值体系和生存方式的总和,它涵盖了人类在认识和改造自然、认识和改造社会的过程中创造形成的一切物质财富和精神财富。

高等学校是一种客观的物质存在,更是一种文化存在和精神存在。高等学校是传授、交流文化知识的地方,也是创新、丰富文化知识的地方,即文化知识的集散地和创造源。育人是高校的目标,文化是育人的基础,文化育人是教育本质的核心。

高等学校是培养人才的地方,校园环境,特别是校园文化环境对人才的培养有直接的感染作用。因此,高校基本建设规划不仅要考虑校园的功能空间、量化空间、景观空间,更要考虑校园的文化空间、智慧空间。校园基本建设规划应有意识、有目的地在校园营造人文景观,充分发挥校园环境凝重、浓厚的文化承载作用,寓人文知识于校园景点、环境布局、建筑风格、绿化美化中。规划设计出来的东西,要言有尽而意无穷,要达到启迪思想、平添逸致的效果。一般的校园基本建设规划,对一般人来说没有什么太多的可以发挥的余地,但是赋予了深刻文化内涵的校园基本建设规划,对于那些思想境界高远的人,对于那些善于思考、勤于钻研的人,对于那些追求知识创新的人,通过联想可以从中解读出蕴含的科学精神、文化精神、道德精神或更多更深刻的含义。

4.要坚持可持续发展观点

校园基本建设规划的目的和意义不仅在于合理配置各种资源,科学布局校园的建筑、道路、绿化等基础设施。而且,更重要的是校园基本建设规划还要坚持可持续发展的观点。

高校基本建设的整体规划要坚持可持续发展的观点,首先要牢固树立环保意识,尊重自然,合理开发,合理利用。因此,校园基本建设规划务必要克服短期行为思想,珍惜日益减少的土地资源。校园基本建设规划既要满足当代人的需要,又不能对以后的建设发展和后代人的需求构成威胁,要留有足够的绿地面积和发展空间;其三,兼顾社会效益和经济效益,避免盲目投资与重复建设。若受财力或其他因素限制,不能一次性建成的,也要坚持统一规划,整体发展的指导思想,采取分期分区逐步建设实施。分期分区建设要密切相关,做到天衣无缝,珠联璧合,使校园基本建设规划达到社会效益和经济效益统筹兼顾的目的,避免规划失误,不留规划遗憾。

洛阳理工学院"大建筑、大空间、大绿地、大水面、大人文"的校园基本建设规划设计,既体现了科学布局,满足功能所需,又体现了以人为本的思想和环境育人的特色,同时也充分地体现了保护环境、坚持可持续发展的思想观点。

二、校园基本建设的园林特色

人类生存的环境有两种:一是纯自然的环境,一是人造的环境。原始人基本上是生活在纯自然的环境中,而随着历史的发展和社会的进步,人们更多地生活在对自然环境的雕琢和美化后的人造环境中。园林便是人造环境的杰作。

(一)校园园林特色的内涵

1.园林是艺术和文化融合的结晶

园林是一门艺术,是一门空间视觉艺术。它源远流长,博大精深。

园林是人类社会的一种文化现象,是赋予深刻文化内涵的艺术。文化是园林的精髓,没有文化的园林,就没有内涵,就没有韵味。中国园林是中国五千年文化史造就的艺术珍品,是中华民族物质财富和精神财富的标志和象征。人类的生息繁衍发展,离不开美妙无穷的大自然环境。

但是,人类对环境的适应不是被动的、消极的。园林艺术就是人类运用科技手段对自然的物质环境进行艺术的升华,使自然景观和人造景观巧妙地、完美地有机结合。园林的创意和构建,就是人类发挥主观能动作用,运用人类自身的智慧和力量,改造美化自然环境,满足人类在发展过程中对环境的更高要求,使人类生存环境、发展空间始终处于最佳状态。园林艺术的最高境界是"虽由人作,宛自天开"。园林艺术是人与自然和谐相处的典范创造,是艺术和文化融合的结晶,是人类勤劳和智慧的象征。

2. 校园园林特色的自然美

清华大学的校园环境犹如神工彩笔描绘的一幅多彩的自然风景画。山、林、水组合而成的水木清华,春季,翠绿的草地,伴着争相开放、多姿多彩的花朵,十分迷人;秋季,天高云淡,枫树叶红、银杏叶黄,构成了一幅天然油画;冬天,大地银装素裹,青年学子们争相与绿色的松柏及落叶树挂合影,青春美景,尽情欢乐,陶醉在大自然的怀抱中。中国药材大学校园的药用植物园,有木本的,有草本的;有乔木的,也有灌木的;不仅具有药用价值和实践价值,而且具有较高的观赏价值。不仅是学生学习、科研、实践的最佳场所,而且酷似天然的植物园。

3. 校园园林特色的意境美

高校园林特色意境美的生成,一是运用匾额对联等文字,赋予校园景物一定的含义,形成意境。或以景名代诗,或以诗意造景。如水木清华是清华园内最引人入胜的一处胜景,山林之间掩映着玲珑典雅的古亭,亭的正额"水木清华"四字,出自晋人谢混诗:"惠风荡繁囿,白云屯曾阿,景昃鸣禽集,水木湛清华。"亭正中朱柱上悬有清代道光年间礼部侍郎殷兆铺撰书的名联:"槛外山光历春夏秋冬万千变幻都非凡境,窗中云影任东南西北去来澹荡洵是仙居。"

二是塑造鲜明的景物形象,引起人们的共鸣和联想,构成意境。如洛阳理工学院校园里极具古代传统特色的儒学园和太学广场,太学广场内形象逼真的太学碑和古代名人碑刻,儒学园里建造的一代教育宗师孔子和古代理学思想体系的奠基人程颢、程颐的塑像,都十分准确地表达了学校传承历史、追祖溯源、弘扬优秀的民族传统文化,效法前人科学的教育方法,光大中华民族高等教育事业的思想。

三是给景物以艺术的比拟和象征,表达一定的思想情感。在校园的不同区域种植不同的植物,使其产生不同的意境。如植松柏则喻挺拔坚贞,养荷花谓之清素高洁,养牡丹显示雍容华贵,观枫叶寄托情思,赏兰花以示高雅。把植物作为情感的寄托和载体,赋予校园抽象的艺术景物以深刻的内涵和具体的象征内容,极大地丰富校园环境的抒情性。这种主观的意趣和情思负载于具体景物形象上,并通过暗示、象征等手段,使人触发丰富的想象力,观景抒情,使眼前的景和心中的情融为一体,达到一种意境美的效果。

(二)校园园林特色的意义

在校园基本建设的过程中,我们一方面为大学生营造功能完备、舒适和谐的生活空间;另一方面就是要注重营造感染和陶冶大学生思想道德情操的育人环境。校园基本建设的园林特色,就是"寓教于境,寄情于景"的育人环境的充分体现,就是校园基本建设的物质功能和精神功能的有机结合。校园的园林特色以自然为蓝本,摄取了自然美的精华,又注入了富有文化素养的人的审美情趣。校园的园林特色不仅起到保护自然、改造自然、美化自然的作用,而且使大学生在幽雅高尚、充满诗情画意的校园环境中享受幸福、受到启迪、得到教育。园林化的校园环境,绿翠葱郁、花团锦簇、山林与湖池交相辉映,植物与小品相映成趣,生态环境与景观艺术相得益彰。大学生身居园林般的校园环境,"借山光以悦人生,假湖水以静心情",有行走于智慧空间、游弋于艺术世界之感,陶情励志,锤炼德行。因此,校园环境的园林化,有益于大学生思想品德、艺术修养、审美情趣的培养和提高。

一流的高等院校其内涵除了一流的师资队伍,一流的教学、科研、学术水平以外,一流的校园环境也是一流高校的重要指标体系。随着国家高等教育的快速发展,国内一流大学对校园园林化建设愈来愈重视,校园园林化特色已成为创办一流大学的重要标志。北京大学、清华大学、武汉大学、南京大学、天津大学等一批国内著名大学的校园园林化建设各具特色,都可与城市的公园相媲美。

清华大学校园就是在清代皇家园林的遗址上发展而成的,校园内山清水秀,景色宜人。近春园更是一处胜景,周围建有石桥、假山、瀑布、草坪、鱼池,以及"自清亭",夏日荷花满塘,冬季雪树银花,堪称清华园中之园。

洛阳理工学院校园里绿草青青,道路从林荫中穿过,楼宇在湖水中倒影,大明湖岸边垂柳婀娜多姿,花圃里月季争妍斗艳,假山上绿意盎然,生机勃勃。校园里雕塑、碑刻、石桥、小亭点缀其间,湖光山色,人文景观,诗情画意尽显其中,不是公园胜似公园。学校被市政府授予"花园式单位",被市旅游局确定为"洛阳市旅游线路定点单位"。

三、校园基本建设的人文精神

大学生人文精神的培养,一方面是以人文学科为载体,通过教师正面的、有目的、有计划、有意识的教育;另一方面,通过营造浓厚的校园人文环境使大学生潜移默化地得到熏陶来实现。校园基本建设中的人文精神,是看得见,摸得着的。校园里的标志性建筑、艺术小品、校训、校徽、校歌、文化设施、环境绿化等都是人文精神的符号。大学校园的人文精神需要通过一定的有代表性的符号解读出来,并以此陶冶大学生的人文情操,培养大学生的人文精神。校园基本建设只有体现人文精神,才能充分显示出高校校园的品位和特色。

（一）校园基本建设的人文精神内涵

1.建筑是校园环境的主体

建筑是人类文化的象征,是民族智慧的凝结。建筑是复杂的综合性艺术,具有丰富的科技、文化、美学内涵。优秀的建筑造型,可以充分体现人文精神。建筑具有双重性,它既是物质的财富,又是精神的产品;它既是科技的产物,又是艺术的创作。远古时代,人类所建造房屋极为简便,其基本功能只是遮风避雨、防兽御寒。随着人类的进化和人类社会的发展,建筑物不仅用来遮风避雨、防兽御寒,而且逐渐成为人们审美的对象,具有了审美的功能。

校园的建筑规模、建筑布局、建筑造型、建筑色彩等,决定着校园环境的形成。校园基本建设的关键是校园建筑,校园建筑是形成校园环境的主体。如洛阳理工学院的标志性建筑——环形图书馆,围绕一个圆形大广场,三层通高环廊环绕,面向主入口,表示"开放""欢迎"和"团结"的含义。四幢教学楼呈"鱼脊状"沿主轴线由北向南排列,与图书馆相连,其建筑平面形状像一把启迪智慧之门的钥匙。

2. 雕塑是校园环境的精品

雕塑艺术可以达到视而受益的文化艺术效果。在清华大学的校园里,安座于各建筑物之中的先哲先师的塑像(有闻一多、朱自清、梅贻琦、蒋南翔、叶企茹、陈岱孙、华罗庚、刘仙洲、梁思成等),是艺术作品,是纪念标志,是人文景观,更重要的是先哲先师们坚韧的革命精神、严谨的治学态度、辉煌的学术成就和诲人不倦的师表,无形中成为万千清华莘莘学子的学习榜样。洛阳理工学院校园里建造的孔子、程颢、程颐塑像和现代作家、语言大师李准的塑像,不仅具有高校的教育特色,而且具有浓厚的地方特色。每当大学生驻足凝视这些精心设计的艺术作品,爱戴敬慕之情、发奋学习之心油然而生。

3. 道路、广场是校园环境美妙的音符

校园中的广场不仅是大学生聚会、交往、休憩、娱乐的活动场所,而且广场周边的建筑、绿化、雕塑也可以成为促进大学生积极人生态度形成的智慧空间。因此,校园里的道路、广场规划设计要科学,特别是道路、广场的命名要有文化内涵,要有永久性的纪念意义。洛阳理工学院校园道路和广场的命名独具匠心,极富文化韵味。从学生公寓通往图书馆和教学区的道路命名为"修远路"和"求知路",取意屈原《离骚》中"路漫漫其修远兮,吾将上下而求索";教学楼前的道路命名为"问礼路",溯源于孔子入周问礼;通往教师住宅区的道路命名为"行知路",是纪念追忆教育家陶行知先生。

图书馆前的广场命名为"九九广场",既体现九九归一的传统思想观念,又是世纪性的永久纪念;校园中心中轴线上的广场命名为"太学广场",寓意洛阳理工学院上承中国古代太学之余续,下启现代大学造就栋梁之目标。集美大学的"共青团广场",是为了纪念福建闽西南创建第一个共青团支部而建立的。这些道路、广场的设计、命名,充分体现了传统文化特色、学校教育特色、环境育人特色和典型的地方特色,以及永久性的纪念意义。

4.水系是校园环境的亮点

水是生命之源,水的特性是包容兼蓄。"夫水者,缘理而行,不遗小间,似有智者;动而下之,似有礼者;蹈深不疑,似有勇者;历险致远,卒成不毁,似有德者"。校园里规划建设湖、塘、渠等水系工程,不仅有清新之感,流动之态,而且使校园更富有生机和灵气,更富有激情和活力,更能激发人的灵感和创意,更能陶冶人的性情和德性。

"北大"之美,在燕园一景,燕园之美,乃有未名一湖。未名湖横卧"北大"中心地带,碧水蓝天一色,展示着它无尽的风采,以其独特的水情神韵润泽着校园的人和物;清华园里的水木清华,其引人入胜之处就在于青山绿树环抱着一泓清水;还有清华园里的万泉河,河水蜿蜒曲折地流经校园,清澈的河水辉映着岸边垂柳,小桥流水更衬托出清华校园的美丽,这取自大自然的甘露滋润着一代又一代清华学子的气质和灵魂。

洛阳理工学院利用大明渠贯通校园东西的自然优势和水量充沛的有利条件,在校区里形成极为别致的水系景观。规划大师们运用现代化的设计思想,借鉴中国传统园林的设计手法,充分利用大明渠水、现代建筑、人文小品及植物景观之间复杂的穿插、渗透、映衬组合关系,在校园水系工程建设上重笔浓彩,将大明渠裁直取弯,改道使其环抱校园主体建筑——图书馆,成渐开线展开,舒缓流淌,形成流畅柔美,富于自然韵致的园林化校园特色。

5.绿化是校园环境的妙笔

绿化是保护环境、提高环境质量的重要手段之一。绿色植物在光合作用时,吸收二氧化碳,释放新鲜氧气,使空气变得清新舒适,是天然的空气"过滤器";绿色植物还能遮挡阳光直射,散发水分,调节空气温度和湿度,被人们称之为天然的环境"调节器";绿色植物能挡风抗沙,吸收滞留在空气中的尘粒,降低粉尘污染,净化空气,又是天然的环境"除尘器";绿色植物还具有吸收噪音、减少声音污染之功能,是天然的环境"消声器"。高等学校的校园空间,应尽可能是绿色空间。大学生学习、生活在绿色的校园环境里,能很快消除视觉乃至身心的疲劳,会感到心情开朗,精神愉悦。

校园绿化也是一门独特的艺术,它犹如一枝美化环境的妙笔,渲染着校园里春夏秋冬一年四季美妙无比的色彩。校园里,春的嫩碧、夏的翠绿、秋的金黄、冬的银白,因季节气候的变化,呈现出赤橙黄绿青蓝紫四时不同的自然景观。校园绿化不是简单地植树、养花和种草,也不同于一般的园林绿化。在校园绿化的过程中,每一棵树、每一株花、每一片草,都要种而有情,植而有意。在校园种荷花,荷花出淤泥而不染,濯清涟而不妖,给人以高洁之感;植松、竹、梅以喻"岁寒三友";青松翠柏,挺拔高尚,坚贞不屈,是正义神圣的象征;松柏,树龄长逾千年,木质不易腐烂,是长寿和不朽的象征。栽翠竹,翠竹秀逸而富有神韵,常青不败,象征青春永驻;翠竹,"纵凌云处也虚心",象征做人虚怀若谷;翠竹,"未曾出土先有节",象征做人高风亮节。种梅花,梅花香味别具神韵、清逸幽雅,其傲雪而立、冰肌玉骨,独步早春、凌寒留香的品性深为人们所钟爱。以物寓人,借物造景,营造文化氛围、艺术个性,是校园绿化所追求的思想境界和艺术效果。

武汉大学以植物的特点为学生塑造绿色生活空间,在四个学生宿舍区分别种植樱花、梅花、桂花、枫叶,并以"樱园""梅园""桂园""枫园"命名之,颇具清新、幽雅、浪漫之感;洛阳理工学院的校园绿化从宏观设计上具有"大绿地、大水面"的特色,从微观建设看,种植的有松、竹、梅"岁寒三友",有荷花、桂花、银杏、牡丹、芍药,还有杜仲林荫道,具有鲜明独特的校园绿化特色。

（二）校园基本建设人文环境的育人作用

苏霍姆林斯基说:"在学校走廊的墙壁上、在教室里、在活动室里——经常看到的一切,对于精神面貌的形成具有重大意义。"校园里的一幅图画、一句名言、一个独特的装饰,一切文化设施都应向学生展示着真善美的内涵,体现其育人的功能。

一是"让墙壁说话"。这是教育界熟知的一句名言。在校园、教室、宿舍等不同的场所悬挂政治家(马克思、恩格斯、列宁、毛泽东)、科学家(李四光、詹天佑、牛顿、达尔文)、艺术家(贝多芬、齐白石、郑板桥)、文学家(鲁迅、茅盾、莎士比亚、莫泊桑)的肖像或格言("书山有路勤为径,学海无涯苦作舟")、古训("志不强者智不达,言不信者行不果;敏而好学,不耻下问")、名人字画(齐白石的花鸟画、颜真卿的楷书、张旭的狂草)。学生环顾四周,举目可见,此处无声胜有声。看到居里夫人,就会被她坚韧不拔的意志所折服;看到鲁迅先生,就会产生强烈的爱国情感。还可在校园里建造文化艺术长廊,或荟萃古今中外文化艺术之精华,或展示本校历届大学生优秀作品。如陕西师范大学根据师范大学的性质,在校园的一角建造了书法长廊,把体现中华五千年文化代表之一的书法艺术雕刻在百米长廊里。鲜明的、浓厚的学术氛围、艺术氛围,直接发挥着校园环境的育人功能。

二是发挥校训、校徽、校歌的育人作用。高校要积极组织专家、教授,广开言路,征集选定校训、校徽、校歌,发挥其育人作用。校训、校徽、校歌不仅是一所学校特色的体现,而且对增强大学生爱校意识,培养大学生集体主义观念,砥砺大学生品行同样具有极大的教育意义。如清华大学的校训"自强不息,厚德载物",精辟地概括了中国文化对人与自然、人与社会、人与人的关系的深刻认识与辩证地处理方法,它是我们中华民族的民族精神和民族性格的重要表征。清华大学的校歌,歌词隽永,含义深刻,是中国传统文化的结晶,与校训相辅相成,表达了清华的教育宗旨。还有,复旦大学的校训"博学而笃志,切问与近思",洛阳理工学院的校训"静以苦读,动以创新;他人至上,品格第一",各具特色,对大学生富有启迪和教育作用。

三是营造亲切的育人氛围。把过去冷冰冰的警示语如"严禁、不许、勿要"换成亲切的提示语,给大学生以亲切自然之感。在校园草坪上放置"崇尚自然,保护环境,拥有健康""珍爱一片绿茵,奉献一份情意"等和蔼可亲的提示语;在教室、宿舍制定"爱心公约""礼仪公约"等,营造亲切的育人氛围,增强大学生自我约束意识,培养大学生自尊、自爱的良好品质。

四是坚持正确的舆论导向,充分发挥大众媒体的育人作用。建好绵延通达的校园网络、快捷方便的闭路电视系统、有线广播系统和多媒体教室、阅报栏、广告栏,使大学生随时随地获取国内外政治、经济、科技、文化、军事、体育等各种信息,及时了解国内外形势的发展变化态势,开阔大学生的思想境界,使大学生的思想觉悟和道德情感在接受各种正面信息的过程中多角度、全方位地得到深化。

总之,校园环境的作用是一种"不教之教",一种潜在的作用;校园环境的育人功能不可低估,更不可替代。校园基本建设要实现构建管理有序、行为有范、人文有常、生态有衡、科学有效的凝结着人文精神和科学精神的大学校园环境,使其富有激情、富有灵气、富有诗意、富有想象力,为大学生营造一个勤于思考、乐于探索、善于启智、精于研修、敢于质疑、勇于创新的校园学习环境,营造一个教育、引导、激励、感染、鞭策大学生思想进步、品德高尚的校园德育环境。

第四节　高校德育环境下的后勤社会化改革

在现代经济生活中,管理创新已经成为经济发展、企业制胜的法宝。我国高校后勤社会化改革的不断深入,使高校后勤社会化取得了令人瞩目的巨大成绩,但同时也出现了新的问题和矛盾。后勤社会化的发展趋势对后勤员工的负面影响、对学生工作的冲击等,给高校德育环境的建立提出了挑战,为高校后勤管理创新既提出了紧迫的要求,也提供了广阔的空间和机遇。高校后勤部门干部和职工应当不断适应新形势,以高度的责任心和紧迫感,积极开展后勤管理的创新研究与探索,加强德育环境建设。

高校后勤社会化是计划经济向市场经济转变在高校后勤领域的具体体现,是市场经济发展的必然要求,是传统社会向现代社会过渡的必然产物,它既是一个长远目标,又是一个不断发展的渐进过程。后勤社会化已成为21世纪世界各国高校改革的一个重大而迫切的课题。

一、后勤社会化的国际化趋势

随着社会的不断发展,高校后勤社会化必将进一步融入社会,实现"质"的跨越和飞跃。根据我国高校后勤社会化改革的实践经验,结合世界发达国家高校后勤的运作模式,可以展望未来后勤社会化的国际化趋势将是:后勤服务运营的专业化、后勤服务选择的市场化、后勤服务系统的产业化、后勤服务供给的社会化。其具有以下特点。

（一）政府主导:规范化管理成重点

民主与法制是当代社会的重要内涵。高校后勤社会化越向前发展,法制建设越显其重要性。就整体而言,目前国际上高校后勤服务主要有两种模式,即以美国、英国和日本等国家为代表的"自办与引进相结合"的高校后勤服务模式和以德国与法国等国家为典型的"中心化"管理模式。

上述国家高校后勤社会化的两种管理模式不尽相同,但在政府制定并实施的一系列法令方面是完全一致的。强化政府主导作用,制定相应的法律,对为高校后勤政务的第三产业,从地位、性质、政策、税收、经济保障等方面立法,使高校后勤社会化得到法律保证,走上法制化轨道,就会避免许多人为的干扰、倒退、重复建设等弊端。

（二）多方补贴：寻求社会支持

当前的后勤改革似乎有偏重于市场性的倾向,许多同志认为后勤社会化等同于市场化,后勤社会化等同于全成本核算,全额收费。在一种倾向比较突出的时候,有必要强调问题的另一方面。我国高校学生绝大部分是消费者,他们的生活来源,除了少量的奖学金和勤工助学外,大部分需要家庭的经济支持。随着高等教育大众化步伐的不断加快,更多贫困家庭的子女迈进了大学之门,四年左右时间寒窗苦读的费用对这些家庭来说压力过大,作为政府、高校及有关方面,都应伸出援助之手,帮助他们完成学业。

（三）强化管理：突出科学化、现代化

1. 管理思想现代化

思想现代化是管理现代化的灵魂。深化高校后勤社会化改革,必须树立和强化三个观念：第一,市场观念。主动掌握市场经济的特点,充分利用市场信息,积极探索与之相适应的后勤管理新思路；第二,动态观念。充分认识内部环境和外部环境的动态变化,掌握变化信息,适时进行调节；第三,时间观念。时间就是机会,时间就是效率,要看到我国改革和世界局势日新月异的变化,及时了解社会、经济、文化的发展动态,放眼未来,在时间上掌握主动权。

2. 管理机构现代化

衡量管理机构现代化的主要标准有两点,即是否有利于提高管理的效率,是否有利于实现管理目标。因此,现代化管理机构的设置必将是高度专业化、协作化、精简灵活、优质高效。

3. 管理手段现代化

高校后勤管理手段的现代化是指运用先进的科学技术成果,使办公机构系统化、自动化。电子计算机的广泛应用是目前管理手段现代化的重要标志,在语言文字、数据、图象处理等方面采用先进手段,最大限度地提高后勤管理效率。

后勤社会化的发展趋势不单单是以上所述的几个方面,还需要更进一步的探索。

二、后勤社会化对德育环境建设的影响

中国高校的后勤社会化改革给高校的发展带来了新的活力和动力,高校后勤实体围绕着师生的基本生活和学习需要在餐饮、住宿、交通、商贸、娱乐等各个领域,坚持为师生服务,为科研、教学服务的根本宗旨,遵循社会主义市场经济规律,不断转变思想观念,生产讲成本、管理讲效益、分配讲效率,同时又兼顾公平原则。如今,高校后勤保障能力总体上有了大幅度地提高。在改革的大潮中,作为改革主体的后勤职工有的积极顺应改革的潮流,有的思想陈旧、徘徊不前,有的已迷失了全心全意为师生服务的根本前提。作为改革的真正受益者——学生也在改革的大潮中呈现出不同的思想变化。把握改革的本质、领会改革的内涵,坚持为教学、科研、师生生活服务的宗旨是当前后勤职工思想转变的首要任务,而思想的转变仅靠规定、制度等手段是解决不了的,还要靠德治,二者要双管齐下,互为补充,这为后勤领域的德育环境建设提出了新的课题和更高的要求。

当前,全国高校后勤正处在深化改革、向社会化过渡的关键时期,势必引起后勤职工的思想变化,这种变化有其积极的一面,体现在个人意识当中的竞争意识、效益意识和服务意识有明显的增强,皆为顺应市场经济发展之需要。但与此同时,又出现了一些负面的影响,大致有以下几种。

一是眷恋和顾虑的心态。这部分职工总想"重复昨天的故事",长期的"铁饭碗"养成了惰性心理,改革大潮涌来,将他们推向市场,需要自己去挣饭吃。改革后工作岗位变动,使他们顾虑重重,担心收入减少,

担心成了"无娘的孩子",担心会下岗等等。

二是短期思想心态。一少部分职工认为,改革只是一时之举、短期行为,因此,工作上只顾眼前,生产上不计成本,追求形式应付改革。

后勤职工中所表现出来的种种心态,无论是积极的还是消极的,都是正常的,这些问题仅靠法治是不能解决的,还须靠德治,靠加强思想道德教育才能从根本上解决问题。

三、新时期高校学生公寓德育环境的建立

学生公寓是课堂之外对学生进行思想道德教育的重要阵地,具有显著的第二课堂教育功能。大学生在校期间,约有一半以上的时间在公寓渡过。在校大学生,由于来源不同,受家庭教育和社会环境影响不同,其人生观、价值观、道德观也就有相当大的差异,并相互影响、渗透。怎样在学生公寓开展德育环境建设,营造良好的德育环境氛围,已成为学校及全社会关注的焦点。

在德育环境建设的实践中,我们要针对学生公寓的特点,贯彻"以人为本"的工作方针,始终把"管理育人和服务育人"作为德育环境建设的出发点和落脚点,以服务为"切入点",以管理为"着力点",以育人为"制高点",努力实现"服务育人、管理育人、环境育人"与德育环境建设的有机结合,开创新时期德育环境建设的新局面。

（一）大力提高服务意识,寓教育于服务中

增强服务意识,是在公寓内开展德育环境建设的必要条件。学生公寓具有服务育人的职能。学生在公寓内居住,公寓必须为学生提供基本的生活服务。知识经济时代的公寓特点是公寓服务要面向市场,公寓服务要形式多样。公寓服务质量既是教育发展的需要,也是开展道德教育的要求。作为公寓管理者,不能把公寓的服务和管理工作停留在一般性的物业管理和生活服务的水平上,而要保证在做好物业管理的同时,还要对服务对象承担起人文素质教育的职责。

这就要求公寓内的管理者不仅是工作人员,也是服务者,更应是不上讲台的教育者。作为一名教育者和工作人员,其工作作风、责任感、服务态度、非学术性学识等都能产生感染性,无形之中把后勤部门的优良品德、高尚情操以及正确的人生观和价值观传递给学生,可以取得课堂

上和日常教育意想不到的效果。

（二）树立"以人为本"的管理理念，寓教育于管理中

我们在大学生公寓既要重管理，又要讲服务。只重管理而不讲服务，则会缺乏人气，得不到被管理者的认同和支持。任何规章制度都不可能十全十美，如果只是从条文出发，死搬教条，为管理而管理，则可能越管越乱，最终达不到管理的根本目的。但管理是为了更好地服务，服务也需要管理，这种管理主要是依据学生在公寓内的行为规范，它是用来调节人际交往，控制局面，维持良好秩序的工具。所以我们一定要在公寓建设中坚持"以学生为本"的思想，结合实际，在管理中服务，在服务中管理；在管理中育人，在育人中管理，使大学生公寓成为安全、有序、文明、和谐的大学生之家，给他们创造一个良好的学习和生活环境。

我们在公寓管理工作中如采用只管不疏、只教不做、高谈阔论、不切实际、不计后果的看门式管理，只能引发学、管冲突，加剧矛盾。不仅现时完不成"育人"的工作任务，而且将来这些学生进入社会后，再用如此办法去教育他们的教育对象，则后患无穷。因此，我们必须认真分析不断发展变化的新情况，用改革的姿态不断克服工作中的缺点。管理行为更需要服务学生大众，要从学校"教书育人"的根本任务出发，结合学生实际情况，在管理中、在服务中完成育人之重任。我们既要教会学生认识社会、认识自我，从日常的一点一滴中引导他们，更要在学校的指导下与德育导师、班主任、党团组织、学生会等方面一起，结合具体的情况在公寓内开展德育管理育人工作，帮助学生树立远大的理想和正确的世界观、人生观、价值观，自觉抵制错误思潮的影响，着力培养有道德、有文化、有纪律的社会主义新人。

1. 要建立全方位服务的专门机构

在大学生公寓管理工作中，坚持管理就是服务的观点不只是一句空喊的口号，而是要落实在工作中，认认真真管理，扎扎实实服务，要抓环节、讲效率、重效果，这就必然要有一个强有力的领导和管理机制，一种能调动起方方面面的积极性和全体师生员工共同参与，有目标、有侧重、有秩序、有责任的合力氛围，以及一个懂管理、会服务、能协调、聚人气的专门工作机构和亲学生、善管理、勤服务的工作队伍。

在工作队伍建设方面：逐步建立一支"少而精"的专家队伍。其主要职责是开展心理健康教育、济困助学、就业援助等，可以由学校就业中心、公寓管理中心、心理专家共同组成；建立以学生干部、学生党员为骨干的学生自律委员会，加强学生自我教育、自我管理，并给它赋予"信息及时反馈"的任务，这有利于及时互通信息，准确了解学生状况，有利于突发事件的应急处理。

2. 加强高校学生公寓的制度化建设，逐步加大制度育人的力度

规章制度是公寓德育环境建设中的权力支柱，因此，各部门可以通过完善各项规章制度，使学生公寓的管理更加规范化。学校公寓可根据具体情况，就学生公寓文明行为规范、公寓设施管理制度、水电、安全、环卫等日常工作、财务管理、学生入住签约、住宿学生意见收集和反馈、公物损坏赔偿、管理人员的规范及考核奖惩等方面的问题制定规章制度，并加强管理制度的宣传，让规章制度进入每一间学生宿舍。可利用宣传栏、广播、校报、网络等工具进行广泛宣传教育，让学生知法、懂法、守法，同时，将学生在公寓的表现同每年的德育考核、奖学金、优秀学生入党考察等结合起来，使制度育人工作产生实效。

3. 管理育人要坚持"动之以情，晓之以理"的工作方式

要搞好大学生公寓中的管理育人工作，还须采取切合实际的工作方法。其中，用于教育和疏导解决思想问题的方法是"动之以情，晓之以理"。所谓"情"，即情感、情绪、情景等人与人之间通过交往互动所产生的。情感是对外界刺激或否定的心理反应，如喜欢、愤怒、悲伤、恐惧、爱慕、厌恶等；情则是人对客观事物所持的态度中所产生的主观体验，主要表现有：愉快与不愉快、紧张与放松，刺激与平静等生理变化的外在表现。

在现实生活中情感会伴随着情绪的反应，通过具体的情绪表达出来，而情绪的变化又往往受情感的控制，它们的相互作用和影响，对情感的反应能起着发挥与控制、控制与调节的作用。积极的情感、情绪将会对良好的情境注入活力和生机，是一种推动力量。

所谓"理"，它既指物质组织的纹理，又指事情的道理，还包括管理、整理等含义。由此可知，我们强调的"理"，是道理、条理、理性。大学生公寓管理工作是要把学生看作玉石，尽我们的能力将他们琢磨成材。这

里的"理"特指与大学生公寓管理工作有关的准则、制度、规定等。

在大学生公寓的管理服务过程中,要做到"动之以情",首先这是由该工作的性质所决定的,其次这也是做好该项工作的指导方针。因为我们所有的举措都是为了更好地为学生服务。我们多层面、全方位、满腔热情地提供服务,也是希望能够通过这种模式,发动和引导全体学生参与管理,互帮互助,建立和谐、有序、安全、文明的大学生公寓,为大家创造一个良好的德育环境。与此同时,还要"晓之以理",因为没有理性的实践是盲目的,不付诸实践的理性是无意义的。我们的工作面对的是一个朝气蓬勃的群体,我们要以科学的世界观及方法论为指导,以社会主导的价值目标为取向,以实际情况为出发点,进行工作目标的理性选择。规章制度是对管理服务工作理性的概括,是调节人际关系的规范,发挥着维持正常秩序的作用。因此,凡事均应以理服人,以情动人,而以权势压人则会适得其反。

4.提高综合素质,做优秀的管理者

要做好学生公寓的日常管理工作,应从提高管理人员的综合素质入手,注意加强针对管理人员的教育。要求管理人员要做到"三个熟悉",即熟悉宿管制度、熟悉工作职责、熟悉服务对象和楼内设施,利用召开例会的时机,采取以会代训的方式对管理人员进行思想教育和工作指导,教方法、提要求,指出存在的问题和改进的意见。教育他们一是不随从个别人的错误言行,严以律己,树立自身的良好形象,增强自身的组织能力和感染力,要求学生做到的,自己首先要做到;要求学生不做的,自己首先不做;要为人师表,在执行校规校纪方面做好榜样。二是要求按照"静坐常思己过,闲谈莫论人非"的训诫,养成良好的做人品德。三是增强团队意识和集体荣誉感,维护集体荣誉,做到不利于团结的话不说,不利于团结的事不做。四是光明磊落,正派做人,坚决反对说三道四、拉帮结派、当面不说,背后乱说的自由主义和小市民意识,在工作中倡导民主,开展批评与自我批评,互相帮助,共同搞好工作。

总之,我们要根据学生特点,在工作中始终贯彻"以学生为本"的管理思想,理清工作思路,优化组织机构,突出工作重点,注意工作方法,在管理中服务,在管理中育人,创造良好的德育环境。

（三）建立良好的育人环境，寓教育于环境中

公寓具有良好的育人环境。公寓是学生日常学习和休息的场所，是学生在校成长的外部环境，这个环境质量的好坏直接影响着学生的学习、生活、情绪、情感乃至思想品德等。我国江淮地区流传一句谚语"橘生淮南则为橘，橘生淮北则为枳"这句谚语虽然讲的是自然环境对植物的生长（对物种的影响），但是对于人类而言，环境对一个人成长的影响也至关重要。就公寓环境而言，建立良好的育人环境，应该围绕教育人、培养人、塑造人的需要，以陶冶学生情操，美化学生心灵为指导，重点体现在生活环境的优化和人文环境的优化两方面，二者相互促进，构成良好的育人环境基础。

首先，生活环境的优化要以专业化物业人员与公共管理相结合的方法进行。一方面抓紧抓好基础性工作，如室外保洁、水电维修等，同时要合理引导大家爱护我们共同生活的环境，尊重管理人员的劳动成果，增强环保意识、爱护公物意识。有计划、有组织地安排学生参加公寓的基础性管理工作，让学生体会到管理人员的辛苦，从而激励学生共同创造良好的生活环境，这对于青年学生增强劳动观念，培养正确的人生观和世界观有着不可低估的作用和影响。

在大学校园里，一些大学生片面地追求"潇洒"，自己穿戴整齐入时，但对宿舍内部卫生却漠不关心，"一心扫天下，无心拭一屋"。当今，大部分学生是独生子女，在家过惯了养尊处优的生活，一脱离父母就觉得自己的生活无人料理，衣服脏了，放一段时间继续穿，被子一年四季不叠，宿舍内垃圾遍地，令人难以下脚等等。为此，我们一方面靠制度、公约去严格要求学生养成良好的生活习惯，另一方面，用我们的实际行动去感化学生。教育他们"一屋不扫，何以扫天下"的道理。一位年近六旬的导师看到学生宿舍内垃圾成堆，就主动拿起扫把清理垃圾，这一举动让在宿舍的所有学生感到害羞，于是争先恐后地干起来。当这位导师再次走进学生宿舍时，看到的是一个干净整洁的宿舍。这是感染力使然，其教育效果不言而喻。

生活环境的优化还应该体现在安全环境的构建上。公寓管理机构应与学校保卫部门、卫生防疫部门建立一种互动的工作状态，加强公寓的防火、防盗、防食物中毒、防流行性疾病等各个方面的教育和管理，随时应对一切突发事件，同时还要注重学生公寓周边治安环境的治理，给

学生创造一个安全、舒适、整洁的生活环境。

其次，要优化公寓的人文环境。人文环境是公寓的软件条件，一方面是指公寓范围内长期沉积下来的、被绝大多数学生认同的公寓文化理念和生活习惯。另一方面是指公寓内与学生生活、文化相关的规章制度。公寓的生活环境是学生人文活动的载体，公寓的文化环境是个人或群体人文素质和人文精神的体现。生活环境与文化环境相互渗透，相互补充，生活环境是文化环境的基础，文化环境是生活环境的社会体现，是树立人文精神的大地和土壤。

人文环境建设应着重从以下几个方面入手。

（1）重点放在培养好的风气和树立团结友爱、遵章守纪的良好习惯上。良好的风气是公寓文化建设的核心之一，它是以一定的价值观为核心内容，又是一种时刻规范着公寓中每个成员思想、情趣、追求和意识的小集体信念的反映。每个公寓应根据自己的实际情况确立自己独特的风气。良好的风气包括卫生整洁、热爱公寓、热爱集体、自强自立、团结进取等多项内容。团结友爱，进取向上是公寓人文环境所追求的最高境界之一。每项活动的开展，一方面要有利于学生养成自己动手、动脑、热爱劳动、热爱生活的习惯，另一方面要有利于培养学生集体主义荣誉感，培养团结友爱、遵章守纪的好作风，加强公寓、小组、班级的凝聚力，使每个学生从思想认识上成熟起来，以适应社会的需要。

（2）重点放在创造安全、整洁、优美、协同育人的环境上。在学生公寓文化建设中，作为在校大学生生活主要载体之一的学生公寓，其整体面貌不仅仅是一个环境美不美的问题，更重要的是学生道德观念、审美理想、整体素质的外在表现。在公寓文化建设中，除要注意外在的环境建设外，同时还必须抓紧抓好内在表现。要从学生公寓的房间色调、门饰装点、床头摆设、卫生状况、安全系统乃至这个公寓成员的服饰打扮、生活习惯、学习气氛，以及公寓书架上摆着的文学读物、录音机播放的音乐旋律、夜间睡觉前的谈论话题等方面抓起。因为这些方面构成了这个公寓的人文气氛，同时，也反映出这个公寓成员的文化修养、精神面貌和审美情趣。由此可看出，如果这个公寓不仅布置得很美，而且读的书、听的音乐、谈论的话题等都很高雅，很富有哲理，那么这个公寓的文化生活肯定很丰富，这个公寓的学生精神面貌肯定好，肯定具备了一定的文化修养。这也是心灵美促进环境美、环境美养护心灵美的具体体现。

（3）重点放在倡导文明健康、活泼进取、积极向上的生活方式上。在生活中,学生往往生活方式各异。所以,倡导文明健康、活泼进取、积极向上的生活方式就显得更为重要。一篇谈论公寓文化建设的文章这样说:大学生的生活方式,是指大学生在职业和业余生活中所表现出来的能够反映大学生本质特征和一般规律的典型行为方式和习惯。大学生公寓作为业余生活的重要场所而反映的业余生活方式,如闲暇生活方式、消费生活方式、社会交往方式、恋爱择偶方式等,以及与职业生活方式,如学习生活、社会实践、读书看报、撰文立论等有关的早操上课、自习、实习、实验、就餐、就寝等一日生活制度构成了大学生公寓文化的重要特征。每一个公寓所特有的生活方式,必然反映公寓成员的人生观、价值观、事业观和世界观。

在公寓构造良好的育人环境,使学生受到潜移默化的集体主义及高尚道德情操的陶冶,净化学生的心灵,这对培养大学生建立健康的人格及良好的精神风貌有着重要作用。

第七章

高校德育工作其他方面的创新探索

高校德育工作是一个系统工程,涉及方方面面的因素,只有将多方面因素都考虑在内,才能在开展工作的过程中有的放矢,实现工作目标。本章重点研究高校德育工作中的教师队伍发展、教育评估工作,以及高校德育工作发展的未来展望。

第一节　高校德育教育教师队伍工作的创新

高等学校德育目标的实现,有赖于建立一支政治坚定、结构合理、专兼结合、功能互补、业务精湛的德育队伍。要从战略的高度充分认识德育队伍建设的重要性和紧迫性,切实加强德育队伍的培养、使用和管理。

一、高等学校德育队伍的领导与管理

（一）建立统一领导、分级管理的德育教师队伍管理体制

高等学校德育教师队伍所担负的重要任务以及这支队伍在结构和

素质上的特点,要求我们必须要在分级管理的基础上加强统一领导,使德育教师队伍管理走上正常化、规范化、科学化的轨道。德育教师队伍的领导和管理是学校德育领导体制的重要组成部分,其组织管理体制也应实行校系两级管理的模式。学校党委组织部、学生工作部和学校人事处是学校一级德育教师队伍的管理部门,代表学校对德育教师队伍实行统一管理。其管理职责分别是:党委组织部按照党员、干部的管理权限,负责德育教师队伍中党员干部的管理。主要负责处级以下党员干部的选配、考核和任用,按照党员目标管理办法,对德育教师队伍中的党员干部实行目标管理,通过业余党校,配合有关部门对德育教师队伍进行系统培训,提高德育教师队伍的素质。

学生工作部具体负责德育教师队伍的统一管理,负责制定全校性德育教师队伍管理的政策措施和实施办法,负责德育教师队伍的培养、使用和考核工作,负责安排德育教师的德育科研工作,负责学生辅导员(班主任)的统一管理工作和其他有关德育工作。人事处负责德育教师队伍的人事调动工作,负责德育教师的职称评聘工作,配合党委组织部、学生工作部做好对德育教师的培养、使用和考核工作。各系党总支在学校德育主管部门的指导下,根据学校德育教师队伍管理部门的政策和措施,具体负责本部门德育教师的选配和具体管理事项。

(二)建立竞争上岗择优聘用的德育教师队伍管理机制

建立竞争上岗、择优聘用的德育教师队伍管理机制是时代对高校德育工作政策的要求。

高校德育教师队伍的现状要求实行择优上岗,提高待遇,以留住人才。分析高校德育教师队伍的现状,不难发现,相当一部分人不安心德育工作,人才流失严重,究其原因主要是待遇过低,不容易出成果,评聘职称不如搞业务的教师。兼职的德育岗位如班主任、学生公寓管理员津贴太低,与付出的劳动不成比例,工作岗位没有吸引力。许多学校只能运用行政措施和思想动员的办法来安排德育工作。

其实,德育工作者的劳动是一种崇高而复杂的社会劳动,它直接作用于人的思想,引起人们生活道路的转变,形成世界观和人生观,从而使精神力量转化为巨大的物质力量。这种劳动关系到一个人的健康成长,关系到党和国家的兴衰成败。这种劳动创造的价值是无法用量来衡量的,理应得到社会的尊重。有了这种认识,就应该给予德育工作者合理的物质待遇和精神待遇,使德育工作成为令人愿意为之付出心血的职业。

学校上下对德育工作形成这种共识,统一思想,就可以在高校德育管理中引入竞争机制,通过对德育岗位实行竞争上岗、流动、轮岗等形式,打破"平均主义加大锅饭"的管理模式,从而会给沉闷的德育管理工作带来一股清风,带动学校德育工作向纵深发展。

(三)建立和完善德育教师队伍的考核机制

加强对德育工作的考核,是使德育工作由虚变实、由软变硬的重要措施,既是工作一个周期(通常为一个学期或一个学年度)管理活动的终点,也是新的工作周期的起点,德育考核在高等学校德育管理中具有十分重要的地位和作用。

它既是德育管理科学化、规范化的重要保障,又有利于发现和选拔人才,通过科学化、制度化的综合考核,使群众公认的优秀人才脱颖而出。

它还是激励德育工作者勤奋工作的有力措施。依据科学公正的德育考核,可以明确德育工作者的优点和缺点,找准自己在组织中所处的位置,让先进者获得成就感与满足感,使后进者找到自己的差距与不足,促使其通过学习和个人努力加以改正和弥补,从而提高自身素质,努力工作。建立完善德育教师队伍考核机制要注意以下两个问题。

首先,掌握德育工作的特点,科学设计考核方案。德育工作的对象是人,是有较高文化修养、日趋成熟的大学生。他们生活在社会中,感受着来自社会、家庭等各方面的正面和负面的影响,这就决定了德育工作具有潜在性和间接性的特点。要想使学生的思想发生好的转变,绝不是依靠几次谈话、几次活动就可以收到立竿见影的效果,而是要经过长期细致的思想工作,需要有耐心和毅力。因此,对他们的工作要求不能急功近利,立竿见影。

此外,德育工作还需要掌握丰富的多学科知识,还要善于以理服人、以情感人、言传身教。德育工作具有个别性和创造性的特点,而且这种艰苦劳动是通过别人——大学生来体现的。所以,人们往往不容易看到德育工作者的艰辛劳动和贡献,没有甘当无名英雄的奉献精神,要长期坚守德育岗位是困难的。因此,学校领导要对德育教师给予更多的关怀和帮助,不可挫伤他们的积极性。在设计考核评价方案时,必须充分考虑到德育工作的特点,更多地注重定性考核,侧重提高人的素质。

其次,考核要和奖惩制度结合起来。考核是奖惩的依据,奖惩是考核的结果,考核的结果要落实在具体的奖惩措施上。不以人论功,不以言论过,使奖惩建立在科学客观的基础上。要按中央文件精神的要求,建立德育工作表彰制度,对在工作中表现突出、有显著成绩和贡献的德育工作者给予物质和精神方面的奖励。通过奖励增强德育工作者的事业心和责任感,并使他们的工作得到社会的高度尊重。当然,对于在工作中失职违纪、工作懒散的德育工作人员,也要通过制定工作责任制来约束他们的行为,达到处分条件的,坚决给予处分。

二、德育管理工作者的管理艺术

高等学校德育管理是一门实践性很强的应用科学,"工欲善其事,必先利其器",要想使德育工作取得预期的效果,就必须讲求工作方法。

（一）自律精神培养的艺术

把握大学生思想道德形成的规律和特点,是进行有效德育管理和行为控制的依据。处于社会生活的大变革时期,大学生思想道德方面所呈现出的特点给大学德育管理带来了新的课题。针对大学生自主倾向强烈、自律精神缺乏的特点,在德育管理上应注重从两个方面入手。

1. 加强纪律教育培养的艺术

高等学校培养的大学生,今后将直接面对生活、面对社会,再也没有缓冲的机会。因此,从某种意义上说,大学纪律精神的培养是青年学生接受学校纪律教育的最后一站。如果在大学生活期间不能培养起牢固的理想信念和纪律精神,道德失范现象不能有效遏制,我们的道德教育就是失败的、不成功的教育,其代价将是沉重的。因此,加强对大学生的纪律教育和纪律精神的培养,既是德育的内容,也是德育管理的重要任务。

2. 自律精神的艺术

自律是人类道德精神的真正基础。所谓自律,就是人的行为是自己意志自由的结果,是对道德行为的自由选择。有理性的人之所以对他的行为能够承担责任,就在于这种行为是他自由选择的。在道德教育实践中,成功的教育往往是强调自律精神的。那种迫使学生遵从某种规则的他律取向的道德教育,虽然在一定时期内能够约束其行为,但并不能真正培养有高尚道德的、有纪律的人。因为从本质上说,属于意识形态领域的道德并不仅仅是他律的结果,更应是人的内在需要所产生的自主、自为、自觉、自愿的行为。

这种自律精神是在社会影响和自身长期道德修养中培养起来的,属于人的本质的一部分。也就是说,每个正常的人都会有这种自律精神,每个正常的人都需要获得社会的道德承认和尊重,并从中体会到自身的价值意义,谁放弃这种道德要求,谁就放弃了堂堂正正做人的权利。因此,学校的道德教育,从根本上说就是要培养和强化学生的道德自律精神。培养学生的自律精神主要有以下途径。

实行民主管理,明确自律目标。民主是社会主义的基本制度。在高等学校,让大学生参加学校事务的管理,尤其是学生自身的学习、生活的管理,既是培养学生道德自律的途径,也是社会主义大学本质的体现。当代大学生自主意识比较强,对受人"管"往往持反感态度,在个人生活方面尤其如此。针对这一特点,充分调动学生自主、自律的积极性,在德育教师的指导下组织大学生参与学校管理,引导他们在自主自律过程中实现自我完善。在学生自主自律过程中,教师一方面要充分尊重学生的意见,和学生平等、合作、相互尊重,公正地对待任何人、任何事,以此培养学生的自律精神。另一方面,又要满腔热情地帮助学生处理自主自律过程中存在的问题,帮助他们确定德、智、体等方面的自立目标和计划,定期检查计划执行情况,及时进行公正的评价,激励学生提高自律水平。

创造良好的育人环境,为学生自律精神的培养创造良好条件。大量的学生管理研究表明,社会文化环境和社会交往关系对学生自律精神的发展有重要的影响。在学校校园文化建设中,强调合作的、民主的、相互尊重的原则,营造出"百花齐放、百家争鸣"的文化民主氛围,学生的集体生活多一些轻松自由,师生关系多一些和谐和真诚,无疑将会有力地促进大学生自律精神的培养和发展。相反,强化限制,单方面强调师道尊严,缺乏生动活泼的民主气氛的环境,则会制约学生自律的发展,助长他律的巩固。

此外,良好的舆论环境也对学生自律精神的培养产生重要的作用。

正确的舆论能够使学生明辨是非,提倡和支持正确的思想和行为,批评和抵制不正确的思想行为。而消极错误的舆论,则挫伤人的积极性,干扰和破坏文明风气,滋长落后、败坏的社会风气的势力。因此,要加强对学校舆论的引导,用正确的舆论去引导人,充分发挥宣传舆论阵地的作用,并形成积极健康的舆论环境,使大学生在正确舆论的指导下成长。事实表明,任何德育工作都取代不了文化环境对学生的影响。因此,加强舆论环境的建设不仅是学校精神文明建设的重要内容,也是德育工作的重要组成部分。

加强大学生的自我修养。培养大学生的自律精神,最根本的途径还是要通过不断的道德修养来形成。所谓自我道德修养,主要是指个人在思想意识、道德品质方面的自我教育、自我改造。自我修养的目的是追求人格的完善,因此,大学生自我道德修养的过程也就是大学生提高道德认识,增强道德情感,锻炼道德意志,树立道德信念,培养道德习惯的过程。通过长期的道德修养,把外部的道德义务、道德规范转化为内心的价值准则,从而养成自尊、自重、自立、自强的道德自律精神,经常进行自省、自警、自励,对别人友爱、关心、帮助,在思想上筑起一道防微杜渐的坚固的道德防线,把自我人格提炼与国家人民利益紧密结合在一起,就能够成为有良好自律精神的"有理想、有道德、有文化、有纪律"的公民。

纪律精神和自律精神是辩证统一的,加强纪律教育,巩固纪律意识,是维护集体、社会和谐统一的基础,而纪律精神只有建立在自律的基础上,转化为人的内心信念,才是真正巩固的、铁的纪律。在大学生的德育管理中,必须处理好他律与自律的关系,通过学生的自主、自强,来造就一个既有纪律,又有自由,既有个人心情舒畅,又有统一意志、生动活泼的育人环境,培养自尊、自重、自强、自立的社会主义事业的建设者和接班人。

(二)表扬批评的艺术

表扬和批评相结合,以表扬为主,是德育工作的基本方法和工作艺术,掌握表扬和批评的方法与艺术是德育工作者的基本功。表扬是对学生思想、学习、工作等方面的进步和成绩所给予的称赞和鼓励,表扬的目的在于树立榜样、鼓励先进,促使其加倍地努力,取得更大的成绩。而批评则是对学生不正确的思想言行和错误所给予的否定的评价,批评的目的在于引起学生思想的变化,使其提高认识,找到犯错误的根源,从而改正错误,尽量少犯错误。为了使表扬和批评收到预期效果,达到目的,德育工作者就要讲求表扬批评的艺术,否则就达不到教育的目的,甚至适得其反。表扬和批评应该注意哪些问题,如何才能收到好的效果,这就是表扬和批评艺术的研究范畴。

第一,掌握表扬、批评的语言艺术。对于从事思想政治工作的德育教师来说,语言就是他最好的工具。表扬、批评是发挥德育工作者语言艺术的主要领域,离开了语言艺术的运用,表扬也会失去光彩。因此,对于德育工作者来说,即使有科学的理论,丰富的内容,动人的素材,如果不掌握运用语言的艺术,仍然不能很好地完成德育任务。就表扬的语言艺术来说,表扬学生的成绩时,语言运用要准确具体,切忌空洞无物的套话。例如"你最近的表现相当不错,大有提高""你在学习上进步很快,工作也不错"之类缺乏准确、具体内容的套话很难有鼓动、激励的作用,而且空洞无物的表扬不仅显得苍白无力,还会留下虚伪的印象。

批评更要讲究语言艺术的运用。成功的批评能使人心悦诚服地接受教育。因此,恰当地使用批评语言,善于"动之以情,晓之以理"是批评语言运用的法则。批评人不动感情,超然于事务之外,就不能真正使人心服口服。有些教师在运用批评语言时,往往爱先肯定、赞扬学生的某一长处,但在此之后习惯地用"但是"转入批评。这种在"但是"后面做文章的批评语言,很容易引起学生反感,认为前面的表扬是言不由衷,是批评的前奏,对后面的批评也就更为反感。艺术贵在创新,语言也是如此。经常使用一些批评的套话,会使人听起来索然无味,达不到教育目的。因此,在表扬、批评的语言运用中,也要有"语不惊人死不休"的精神,用巧妙的语言真诚地赞扬学生,善意地在批评的时候指出其"美中不足"之处。

第二,灵活运用表扬、批评的方法。表扬、批评要注意掌握分寸,把握"火候"。该表扬时不表扬,就会冷落和挫伤学生的积极性,该批评时不批评,该当众批评的不当众批评,不该当众批评的当众批评,都不会收到好的效果。要善于寓批评于表扬中,采用启发式批评、建议式批评,少用严厉式批评、当众批评,反对训斥、伤害、株连式批评。批评的目的是要帮助学生改正错误,提高认识,和风细雨、入情入理的批评能使学生幡然悔悟、痛改前非,而训斥、伤害、株连式的批评,伤害了学生的自尊心和人格,不仅达不到目的,还会产生师生的对立、冲突情绪。

第三,表扬、批评要有针对性。因材施教是教育的基本规律,同样也是表扬、批评的重要方法。大学生有较高的文化素养,有自己较为定型的性格和气质,在对他们进行表扬、批评时,要因人、因事、因地而异,不能千人一面。对性格外向、活泼开朗的学生进行批评时,宜用开门见山的方式,直接指出其错误,用提问式、鼓励性的方法进行批评教育,边提出问题、寻找原因,边分析错误的影响和后果,同时也指明学生进步的有利条件和努力方向,促使其向好的方面转化。对于性格内向、自尊心强的学生,要特别耐心,防止急躁,不宜采用公开批评的方式,而应以个别批评的方式,多用暗示和提醒的语言,委婉地提出批评,使对方产生内疚感,从而愉快地接受批评。而对于错误严重和怀有侥幸心理的学生,则应严肃地指出其错误,进行严厉批评。

总之,表扬、批评应该准确、公平、入情、入理,在与人为善的基础上,运用多种方法展开积极的、建设性的表扬批评,充分发挥表扬、批评在德育中的作用。

第二节　高校德育教育评估工作的创新

德育评估是高等学校德育管理的重要环节,也是德育管理的主要方法。高等学校德育评估包括两个方面:一是上级教育行政部门对学校德育工作的评估;二是学校自身对其德育工作的评估,搞好这两个评估对于加强和改善高等学校德育工作具有重大意义。目前,对高等学校德育评估的范围、评估标准、评估方法等问题都还没有取得一致的认识,围绕德育评估的探索还在进行中。德育评估是围绕高等学校德育目标来进行的,其着眼点有利于学生德、智、体等方面的全面发展,实现高等学校的培养目标,把大学生培养成为适应 21 世纪需要的,基础知识扎实的,知识面广、能力强、素质高的社会主义事业的建设者和接班人。

德育评估是实现高等学校德育目标的必要保证,其目的是通过评估全面了解和衡量学校德育工作及其发展的水平,使学校德育工作能够从大学生实际出发,避免盲目性,从而提高德育管理的效果。通过评估,促使学生明确努力方向,把全体学生的思想、行为引导到学校的培养目标上来,朝着预期的方向发展。促使学校的德育目标和学生个人目标有机结合起来,为加强和改进学校德育工作提供了比较科学的依据,为学生思想政治进步,品德的完善提供较为科学的目标,提高高等学校德育管理的效能。德育评估对于加强和改进学校德育工作,促进学生的德、智、体等方面的发展都具有重要作用。

第一,德育评估具有规范、激励和导向作用。德育评估的指标体系具体明确地规范了学校的德育工作,使全校师生员工都明确了自己努力的方向,了解自己的工作与德育评估目标的差距,促使大家不断地调整自己的思想和行为,努力达到目标规定的要求。由于德育评估结果与学校每一个成员的切身利益有密切联系,因此德育评估对每一个人的思想和行为都具有规范、激励和导向的作用。德育评估的结果使每个人都能了解到自己的素质状况,在群体中的位置,使人不断进取,努力达到评估指标所规定的要求,从整体上提高学校每个成员的思想道德素质,促进学校德育工作的全面发展。

第二,德育评估保证了学校办学的正确方向。高等学校坚持党的改革开放的基本路线和社会主义初级阶段的基本路线,坚持党的教育方针,这些都规定了学校教育的社会主义方向。

二、大学生德育考评

(一)大学生德育考评的标准和原则

1. 坚持实事求是,客观公正的原则

坚持实事求是,客观公正是马克思主义思想方法和党性原则的集中体现。坚持这一原则,就要求我们在进行德育考评时,要以高度负责的态度,实事求是、客观公正地对待考评工作,切忌主观性、片面性,坚持一切从实际出发,不浮夸、不贬损,力求客观、公正地对待考评对象,考评结论应该经得起事实和时间的检验。

2. 坚持动态考评与静态考评相结合的原则

评价学生的思想政治表现和品德素质,要有动态的、发展变化的观点,不能以一时一地的表现涵盖其整个品德素质。从学生的客观现实表现来看,其品德发展具有静态的一面,又有动态的一面。把握其现实的表现,掌握其在现阶段的思想品德状况,才能与其他同学进行比较,分析其是先进还是落后,是进步还是退步。然而,由于现实的表现与过去的表现是有因果联系的,看不到发展变化的一面,就不能正确评定学生的品德,就容易导致片面性和简单化。

3. 坚持定性考评与定量考评相结合的原则

学生的德育考评既有定性分析,又有定量分析,在进行德育考评时,对每一项考评指标都有一个定性的评定,测定其属于哪一个等级。也就是说,首先有一个质的规定性,然后再把各项考评指标划分为若干个档次,区别考评对象的差异,进行量的比较和判断。没有一定量的考评,对考评对象的认识必然是含糊的、笼统的。同样,如果在德育考评中,不能运用定性分析的方法,对学生的德育考评也是不正确、不完整的。随着现代管理科学在德育领域的应用,量化测定评价广泛用于德育考评之中。通过量化考评,可以使我们更清楚、更准确地把握考评对象的变化,使德育考评逐步走上科学化的轨道。但是,我们也不能因此而否定定性分析,把定量分析方法绝对化。如果将量化分析绝对化,很容易使教育对象只重视个人分数、等次,为考评而考评,使德育考评走向歧途。在德育考评中,对于可以量化的指标应尽可能地量化,对于不能直接量化的,采用定性与比较分析的方法,而不能简单地量化处理,否则就会使考评失去科学性。因此,从定性考评到定量考评,再从定量考评回到定性考评,才能使德育考评真正建立在科学的基础上。

4. 教师考评与学生考评相结合

教师是德育考评的主体,是大学生德育考评工作的组织者和领导者,教师有权对学生的品德素质提出意见。但是,学生相互之间最了解,对同学的思想品德表现最有发言权,应该尊重学生评价的意见,使之与教师的评价意见相互对照,只有这样才能全面、准确地评价学生的思想品德表现。

在德育考评过程中,要充分调动学生自我评价的积极性。重视自我评价在德育考评中的地位和作用,是树立正确的评价观,发挥德育考评的激励功能,提高德育考评教育效果的重要标志,也是现代教育评价的主要特征。

组织有效的自我评价,对提高评价者的自我认识和自我评价能力,促进其健康发展也有很大影响和作用,具体表现在以下三个方面。

一是有利于学生完善自我价值系统,养成良好的道德自律习惯。学生在进行自我评价时,就会主动地去学习、了解思想品德评价的标准,加深对品德要求的理解,坚定自己的信念,使自己的言行自觉地和道德要求相一致。

二是有利于自我激励。自我评价可以通过自我教育机制的作用,产生持续的自我激励作用,由此促进其不断地进步和提高。

三是有利于形成自我调节机制。在自我评价的过程中,对自己行为的反思与评定,容易形成自我反馈机制,不断地调节自身行为和心理状态,对不道德行为自觉地加以抑制,而对道德行为则产生强烈的内在驱动力。

在德育考评中,要调动学生参与的积极性,引导学生自我评价、自我教育,促进学生的品德向健康方向发展。

(二)大学生德育考评的方法

学生德育考评的方法多种多样,然而就考评方法的分类来说,一般有两类:一类是主观性的德育考评法,另一类是客观性德育考评法。

主观性德育考评的方法主要包括两种。

一是总体印象测评法。这种方法是考评者根据自己的经验和有关考评指标,在对德育考评对象的情况已经形成总体印象的前提下,根据印象进行德育考评的一种方法。其步骤主要是先明确考评的任务和要求,再根据考评对象的情况及已形成的印象进行回忆综合,最后做出评定结论。这种方法简单易行,但是主观随意性很大,可靠性差。

二是评语鉴定测评法。这种方法是在进行德育考评时比较常见的一种方法,它是考评者根据自己对考评对象的长期观察和了解,参照有关人员的意见,用写评语的形式对考评对象进行书面鉴定。此外,主观性考评方法还包括等级划分法、自我总结法等。这些方法能够反映出考评对象某些方面的实际情况。但是总体而言,难以全面准确地反映考评对象的实际情况,难以做到客观公正,考评结果的说服力不强,容易流于形式。

客观性德育考评法以其客观公正的特点,逐步得到广泛的采用,逐渐取代了千人一面的主观性德育考评法。客观性德育考评法也有许多不同的形式,但具有代表性的主要有两种方法。

第一,加减考评法。这是一种较为通用的德育考评法,在这种方法中,学校德育管理部门根据《中国普通高等学校德育大纲》《高等学校学生行为准则》以及学校的规章制度和要求,列出评分项目,制定加减分标准,对于应提倡的良好行为确定具体的加分数值,对不良行为确定减分数值。例如,设定每个学生的基础分为 25 分,每学年考评一次,根据每个学生的具体行为表现,对照评分标准,分别评出加分和减分的数值,在基础分的基础上进行加减,得出最后成绩。这种方法客观具体,结果具有可比性,能够比较公正客观地反映学生在品德方面的实际表现,操作简单易行。

第二,加权综合考评法。这种方法是进行德育考评时,除考虑到各项指标的具体分值外,还对相应考评指标在整个指标体系中所占的重要程度的不同确定相应的权重。根据被考评者的具体表现,采取自评和他评相结合的方式进行考评,先确定单项分值和等级,对各个评价分项指标按其重要程度分配权数,各项得分乘以权系数,然后相加得出综合值,其公式为:$S = \sum_{i}^{n} g W_i X_i$,其中,$X_i$ 为第 i 项指标的评价值为指标总数,W_i 为第 i 项指标的权系数,S 为综合值。

这种考评方式的最大特点在于:当分项指标满分值相同的情况下,为了体现各指标不同的重要程度,通过权重因素加以调节,从而达到合理评价的要求。例如,对学生进行德育考评时,若指标集为:政治理论水平、政治思想表现、道德品质、劳动观念和表现。与此相对应的权重系数为 2、0.3、0.32、2、0.2,如果学生甲在各分项指标上的得分为 18、26、20、15、18,学生乙的分项值为 17、28、19、16、17,假如不考虑权重因素,甲、乙两学生的综合值均为 97 分。怎样评价甲、乙两学生的思想品质高低呢?唯一可行的方法是将考评的各分项指标的权重系数考虑进来。这样,根据上述公式,两位学生的综合分数分别为:

$S_甲 = 0.2 \times 18 + 0.3 \times 26 + 0.3 \times 20 + 0.2 \times 15 + 0.2 \times 18 = 24$

$S_乙 = 0.2 \times 17 + 0.3 \times 28 + 0.3 \times 19 + 0.2 \times 16 + 0.2 \times 17 = 24.1$

这样,本来综合值相同的两位学生,经过加权求和后所得的综合值就表现出了差异,乙学生的得分高于甲学生。因此,加权求和德育考评法,作为一种终结性的比较,具有较大的合理性。

第三节　高校德育工作发展的未来展望

21世纪的高校德育,无论内容还是形式,无论是目标、过程、方法,还是手段,也不论是管理还是评价,都将以一种崭新的面貌展现出来,当然,这其中有继承,也有扬弃。这就要求德育工作者不断提高自己的理论水平、管理水平和实际德育工作能力,与时俱进,创新创造,从人才要求的高度去实施、管理、评估高校的德育管理工作,否则,我们的德育工作就会滞后于时代,滞后于现实,不能真正实现培养时代所需的先进文化、先进生产力的代表者,不能真正落实高校德育工作的任务、目标。

一、德育工作信息化

信息将成为21世纪社会的一种重要资源。信息就是知识,知识经济社会也是信息社会。离开信息、反对信息的占有及信息技术的运用,将成为影响高校德育质量和效果的重要因素。

在"信息爆炸"的21世纪,高校将运用德育信息网络,带动德育内容、方式方法、政工队伍、组织指导等方方面面的改进,从而带来良好的教育效果。

一是成倍成十倍地加大教育信息量。高校教师对学生进行德育,所用的不再是一个小资料室或者剪贴本上十分有限的信息,而是网络上提供的极为丰富的信息,这必将大大开阔学生的眼界和认识范围。

二是加快教育信息的传递速度,同时又能扩展教育覆盖面,实现信息网络化,在很大程度上能克服自然条件和地理环境所造成的障碍,大大缩短时空距离,真的可以弹指间,"坐地日行八万里,巡天遥看一千河"。

另外,在 21 世纪的信息社会里,教师与学生谈心,可能一条好的信息就可帮助学生解疑释惑;一条意外的信息就能帮助学生排忧解难。如一条信息,或许能帮助学生走出心理误区,或许能帮助学生处理好人与人之间的关系。这样有益的信息,学生是非常欢迎的,他会向教师敞开心扉。

在以往的高校德育工作中,为弄懂一个问题,准备一份教育材料,或写一份讲课稿、发言稿,经常要花费大量的时间、人力和精力去查找资料。21 世纪,随着信息网络的普及,各单位便拥有了一个"网络图书馆",这将给高校德育工作者查找教育信息带来方便,工作效率也将大大提高。

通过虚拟现实技术,可以超越时空的局限,使事与理、情与理、识与理、形与声、形与神等有机地交融在一起,以生动活泼的形式给受教育者造成鲜明清晰的视觉印象。德育工作者可以"逼近真实"地投入虚拟环境中,处理德育可能遇到的问题。

在虚拟现实中,通过大量的现实模拟训练,必然会增强德育工作者处理现实思想问题的能力,给德育工作者实际工作能力的提高带来质的飞跃。此外,计算机在高校德育工作中还将具有很强的替代功能。21世纪,高校为适应现代信息传播方式的变革,会不断研制开发出政治理论课教学软件。这些软件的研制和开发,在不同程度上会减轻或替代德育工作者大部分规范性工作,使德育工作者得以摆脱大量繁重而琐碎的事务性工作,从而投身到研究新情况、解决新问题等富于开拓性、创造性的工作上来。

二、德育工作国际化

21 世纪高校德育工作,一方面将依照我国全方位对外开放的方针,思想文化建设、人的德性修养也要开拓新的视野,不断吸收世界文明的新成果。吸收人类文明的进步成果来提高我们整个民族的思想文化素质和德性修养水平。另一方面又必须要正确引导,采取有效措施抵制消极、腐朽甚至反动的思想文化、价值观念等对我们的思想文化和德育建设的影响,将加强正确的时代观教育,强化世界历史运动规律的教育,科技革命的社会意义和人文价值教育,马克思主义科技观、经济伦理、网络伦理、基因伦理、全球伦理的教育等。

参考文献

[1] 白翠红 . 高校德育思维方式发展研究 [M].广州：中山大学出版社,2018.

[2] 柴世钦 . 我国现代高校德育解析 [M].沈阳：辽宁大学出版社,2008.

[3] 陈娟 . 传统文化与高校德育教育工作融合研究 [M].北京 / 西安：世界图书出版公司,2018.

[4] 陈中建 . 高校德育系统工程研究 [M].南京：南京师范大学出版社,2015.

[5] 初明利,范书生 . 高校德育新视野高校德育的创新与实效 [M].天津：天津社会科学院出版社,2004.

[6] 崔戴飞,徐浪静 . 思政活动课程建设案例集：有爱篇 [M].北京：光明日报出版社,2020.

[7] 冯世勇 . 高校德育工作的理论研究和实践探索 [M].太原：山西人民出版社,2014.

[8] 傅大友,吴继霞,陈晓强 . 高校德育创新论 [M].南京：江苏教育出版社,2005.

[9] 龚海泉,张晋峰,张耀灿 .20 世纪的中国高等教育德育卷 [M].北京：高等教育出版社,2003.

[10] 桂捷 . 高校德育与心理健康教育研究 [M].沈阳：东北大学出版社,2018.

[11] 韩方希 . 民办高校德育工作探索与实践 [M].济南：泰山出版社,2008.

[12] 胡斌武 . 社会转型时期学校德育的现代化 [M]. 北京：中央编译出版社，2006.

[13] 胡琦，陈海燕 . 高校德育社会化综论 [M]. 杭州：浙江大学出版社，2016.

[14] 黄蓉生 . 高校后勤社会化改革与大学生德育论 [M]. 成都：四川人民出版社，2006.

[15] 黄向阳 . 德育原理 [M]. 上海：华东师范大学出版社，2000.

[16] 蒋笃运，张国臣 . 高校德育新论 [M]. 郑州：河南医科大学出版社，1997.

[17] 靳诺 . 我国民办高校德育通论 [M]. 合肥：合肥工业大学出版社，2006.

[18] 孔亮 . 高校德育教育引入传统文化的创新研究 [M]. 北京/西安：世界图书出版公司，2018.

[19] 李宝银 . 高校德育成果文库 文明之路 福建师范大学文明校园创建纪实 [M]. 北京：光明日报出版社，2019.

[20] 李刁 . 互联网＋时代高校德育实践创新研究 [M]. 武汉：华中师范大学出版社，2019.

[21] 李莉 . 新时期高校德育理论与实践研究 [M]. 长沙：湖南大学出版社，2002.

[22] 李卫东 . 地方院校德育研究 第 11 辑 用习近平新时代中国特色社会主义思想引领高校德育 [M]. 武汉：武汉大学出版社，2019.

[23] 李兆敏 . 高校德育工作新思维 [M]. 东营：中国石油大学出版社，2006.

[24] 刘丽波 . 新时期高校德育教育创新发展研究 [M]. 石家庄：河北人民出版社，2018.

[25] 刘忠孝，陈桂芝，刘金莹 . 高校德育论 [M]. 哈尔滨：黑龙江人民出版社，2019.

[26] 卢黎歌 . 高校德育新探 [M]. 西安：西安交通大学出版社，2009.

[27] 罗家英 . 网络影响下高校德育模式变革与构建 [M]. 武汉：华中科技大学出版社，2005.

[28] 孟东方 . 高校德育新论 [M]. 北京：中国文史出版社，2004.

[29] 米如群，王小锡等 . 高校德育工程论 [M]. 南京：南京师范大学出版社，2006.

[30] 任少波等 . 高校德育共同体 [M]. 杭州：浙江大学出版社,2018.

[31] 宋长生,唐国忠 . 高校德育体系的发展与创新 [M]. 哈尔滨：哈尔滨工程大学出版社,2005.

[32] 孙庆珠 . 高校校园文化概论 [M]. 济南：山东大学出版社,2008.

[33] 孙晓峰 . 中西方高校德育管理比较研究 [M]. 合肥：安徽科学技术出版社,2015.

[34] 谭仁杰 . 地方院校德育研究 第 9 辑 社会实践与高校德育 [M]. 武汉：武汉大学出版社,2017.

[35] 谭仁杰 . 中国梦与高校德育 [M]. 武汉：武汉大学出版社,2016.

[36] 王爱华,杨斌 . 高校德育与校园和谐 [M]. 武汉：武汉大学出版社,2011.

[37] 王超等 . 比较德育学 [M]. 武汉：湖北人民出版社,2005.

[38] 王一鸣 . 新形势下应用型高校德育和创新创业 [M]. 北京：光明日报出版社,2018.

[39] 吴起华 . 高校德育管理研究 [M]. 海口：南海出版公司,2005.

[40] 曾学龙,贺佃奎,张齐学 . 大学生德育实践概论 [M]. 北京：中国农业出版社,2005.

[41] 赵金昭 . 高校德育环境建设实践论 [M]. 郑州：河南人民出版社,2004.

[42] 郑益生,杨纪武 . 高校德育研究 [M]. 昆明：云南科技出版社,2009.

[43] 祝建兵,郭诗华 . 德育论丛 [M]. 昆明：云南科技出版社,2017.

[44] 曹英国,徐炜彦,王巍 . 新媒体环境下高校德育工作优化策略研究 [J]. 科技风,2020（18）：213-214.

[45] 崔玉婷 . "三全育人"背景下高校德育工作实践与探索 [J]. 湖北开放职业学院学报,2021,34（5）：62-64.

[46] 戴元建 . 新时代强化高校德育工作研究 [J]. 福建警察学院学报,2020,34（3）：27-34.

[47] 段芊羽 . 道德认知发展理论对我国高校德育工作的启示 [J]. 现代交际,2021（14）：140-142.

[48] 高中桥,张贞云 . 高校德育工作中的隐性教育探析 [J]. 学园,2020,13（28）：75-76.

[49] 郜嘉琪 . 探析"教育戏剧"在高校德育工作中的价值及应用——

以上海理工大学为例 [J]. 大众文艺, 2021（10）：197-198.

[50] 郭婷, 叶雪婷, 杨盈. 高校德育工作与学生社团建设相结合的创新路径研究 [J]. 中外企业文化, 2021（2）：195-196.

[51] 韩婷婷. 网络环境下高校德育工作优化策略研究 [J]. 教育教学论坛, 2020（44）：89-90.

[52] 洪凤. 桐城派德育心理学思想对高校德育工作的启示 [J]. 才智, 2020（36）：68-70.

[53] 江梓豪, 章乃月. 浅析马克思主义哲学指导下的新形势高校德育工作 [J]. 青年与社会, 2020（29）：190-191.

[54] 姜海滨. 人性向度的复归："关怀"是高校德育工作新路向 [J]. 中国青年研究, 2020（11）：87-93.

[55] 靳芳卉. 高校校园媒体对高校德育工作的影响及其建设探讨 [J]. 产业与科技论坛, 2021, 20（2）：121-122.

[56] 李暖心. 中华优秀传统道德在高校德育工作中的运用 [J]. 品位·经典, 2021（14）：60-62.

[57] 李威燃, 王紫麒. 新时代高校德育工作模式探析 [J]. 科技资讯, 2020, 18（17）：227+229.

[58] 李毅. 融媒体时代高校德育工作的传播策略研究 [J]. 作家天地, 2021（23）：177-178.

[59] 刘峰. 现代教育治理视域下的新时代高校德育工作 [J]. 太原城市职业技术学院学报, 2020（11）：148-150.

[60] 刘阳, 陈韵. 新媒体背景下高校德育工作路径创新研究 [J]. 产业与科技论坛, 2022, 21（6）：87-88.

[61] 刘云龙, 沈强, 钱伟, 等. "五老"群体融入高校德育工作菜单式服务模式探析 [J]. 中医教育, 2021, 40（5）：65-68.

[62] 卢飞霞. 统筹推进高校德育问题研究 [J]. 高校辅导员, 2021（2）：44-47.

[63] 潘婧璇. 新时期高校德育工作方法创新研究 [J]. 冶金管理, 2021（5）：164-165.

[64] 宋辉. 新时代高校德育工作的现状及其对策 [J]. 中北大学学报（社会科学版）, 2021, 37（3）：140-143.

[65] 孙亮. "三全育人"视域下新时代高校德育工作的路径创新 [J]. 湖南社会科学, 2022（1）：144-149.

[66] 王宝龙 . "三全育人"视角下高校德育工作融合路径分析 [J]. 吉林工程技术师范学院学报,2021,37（7）：4-7.

[67] 王梦 . 陶行知生活教育理论对高校德育工作的启示 [J]. 文教资料,2020（17）：101-102+134.

[68] 王尚宇 . 生态文明教育融入高校德育工作的理论分析 [J]. 现代交际,2021（3）：137-139.

[69] 王文英 . 微时代高校德育工作"微"策略研究 [J]. 延边教育学院学报,2021,35（3）：142-144.

[70] 魏婷,苗耀辉 . 先秦儒家文化思想对高校德育工作的启示 [J]. 文化学刊,2020（10）：122-124.

[71] 温瑶,刘锟,唐敬佳 . 新时代青年观视域下民办高校德育工作的研究 [J]. 创新创业理论研究与实践,2020,3（18）：87-89.

[72] 习哲雄 . 基于美术教学特色的高校德育工作途径研究 [J]. 成才之路,2020（31）：26-27.

[73] 肖苗 . 网络直播对高校德育工作的影响与启示 [J]. 电脑知识与技术,2020,16（35）：89-90+95.

[74] 闫冀贤 . 新媒体背景下高校德育工作创新探索 [J]. 中外企业文化,2021（6）：103-104.

[75] 杨帆 . 新时代高校德育工作的问题与对策 [J]. 大众标准化,2020（22）：84-85+88.

[76] 杨飞洋 . 习近平青年教育观引领高校德育工作的实践路向 [J]. 齐齐哈尔大学学报(哲学社会科学版),2021（3）：9-13.

[77] 袁海琴 . 新时代高校德育工作着力点研究 [J]. 黑龙江教育(理论与实践),2021（7）：7-11.

[78] 张晶 . 中华优秀传统文化融入高校德育工作的策略探析 [J]. 决策探索(下),2021（9）：72-73.

[79] 张旭华 . 试论如何应用现代教育技术促进高校德育工作开展 [J]. 发明与创新(职业教育),2021（5）：9+11.

[80] 张扬 . 中华优秀传统文化融入新时代高校德育工作研究 [J]. 绥化学院学报,2021,41（3）：131-133.